Ralf Lindemann

Das weiße Schloss am Meer

TENNEMANN

1. überarbeitete Auflage Juli 2018
Herstellung: TENNEMANN media GmbH, Schwerin
Satz und Layout: Ralf Lindemann · http://www.rl-werbegestaltung.de
Druck und Bindung: produktionsbüro TINUS, Schwerin
Printed in Germany
ISBN 978-3-941452-59-6

Gartenweg 30c · 19057 Schwerin · Tel. 0385-77501
http://www.tennemann-media.de · http://www.tennemann.com

Inhalt

Vorwort

Es herrscht eine besinnliche Ruhe. Fast schon unheimlich. Nichts regt sich. Nur ein Windzug streift durch die Wipfel der Bäume. Vielleicht ist es ein Hauch aus vergangener Zeit, ein letzter Bote, aufgehoben nur für diesen Moment.

Vielleicht auch ein letzter Aufschrei oder ein Frohlocken von Erinnerungen, welches sich soeben aus den Steinen befreit hat. Wer sich an diesen Ort begibt, wird ein Teil jener vergangenen Tage und der Ereignisse, die sich hier zugetragen haben. In den Mauerresten der Ruine hallen sie wieder, die Geschehnisse jener Zeit, bis tief in die entfernteste Ecke, die noch erhalten geblieben ist. Von hier oben, einem der ehemaligen Säulengänge, bleibt der offene Blick auf die weite See verwehrt, von dem viele alte Schriften liebevoll berichten. Wahllos wachsende Jungbuchen verbergen ihn heute. Die Säulenstützen auf den Gängen haben ihre Lasten schon lange abgelegt. Säulen zierten, einst so mächtig, die Vorderfront des Bauwerkes – jetzt liegen sie zerbrochen im Buchenlaub. Den glattpolierten Granitsäulen der ehemaligen Eingangshalle können Moos und Witterung bis heute nichts anhaben. Es hat den Anschein, als sei die Zeit stehengeblieben. Aber die Trümmer, aus denen sie hervor schauen, bringen die Realität wieder zurück. Bäume bahnen sich eigenwillig ihren Weg empor durch die Gesteinsreste und werden eins mit ihnen. Büsche wuchern zwischen Restmauerwerken. Schon halb von Sand bedeckte und mit Moos bewachsene Verzierungselemente ragen aus dem Boden, als warten sie nur darauf, wieder an ihre Bestimmungsstelle zurückkehren zu dürfen. Es wird einem kalt bei diesem Anblick: Es gibt kein Zurück mehr. Ein totes Meer von Zeitzeugen, welche Geschichte geschrieben und erlebt haben. Vor nicht allzu langer Zeit haben sie ihre Würde und ihren für sie bestimmten Platz verloren. Was sie behalten haben, ist ihr immer noch imposantes Aussehen – die Ruinenreste vom einstigen Schloss Dwasieden …

Einleitung

Die heutige Stadt Sassnitz auf der Insel Rügen war im Jahre 1873, in welchem unser Buch beginnen soll, noch ein verträumtes Fischerdorf, das sich aber nach und nach immer mehr zu einem erstklassigen Badeort entwickelte. Schönsten Strandsand gab es damals noch zur Genüge. Auch das noch nicht angemeindete Dorf Crampas lebte hauptsächlich von der Fischerei und der Landwirtschaft. In dieser reizvollen Gegend auf Jasmund quartierten sich ebenfalls immer mehr erholungssuchene Badegäste ein. Nun folgt auf unserem Weg durch Sassnitz und Crampas als Drittes das Dörfchen Lancken, in welchem sämtliche Bewohner in und auf den umliegenden Gütern mit landwirtschaftlichen Arbeiten beschäftigt waren. In diesem Jahr und in den nun folgenden ereigneten sich in Lancken und seiner Umgebung außergewöhnliche Dinge, welche einen sehr großen Eindruck auf die hier in einfachsten Verhältnissen lebenden Menschen hinterlassen haben müssen. So wurde Lancken nicht nur auf einmal liebevoll verschönert, sondern es wurde vieles in nur kurzer Zeit zur Zufriedenheit der dort lebenden Bauern geändert. Standen hier vor kurzem noch gebrechliche Viehställe und alte, baufällige Lehmkaten, so traten an deren Stelle prachtvolle Stallungen und für 22 Familien geschaffene große und geräumige Wohnhäuser aus massivem Backstein. Genau waren es zwei Dreifamilien- und vier Vierfamilienwohnhäuser mit den dazugehörigen Stallungen. In nur vier weiteren Jahren erstrahlte das Gut Lancken mit seiner Umgebung in neuem Glanze – es wurde praktisch neu erbaut! Entstanden sind regelrechte Mustergüter, die insbesondere auch in der Fürsorge für die Gutsleute sehr weit gingen, Güter, welche zu dieser Zeit ohne Beispiel waren.

Woher kamen auf einmal diese immensen Mittel für die Umsetzung solcher Neubauten? Wer sorgte für diesen plötzlichen Aufschwung?

28. Februar 1873. Ein mittelgroßer Mann mit langen, im Nacken gelockten Haaren und einem Vollbart geht zwischen den Buchenbäumen von „Dwörsied" auf und ab. Seine Kleidung ist schlicht. Auf seinem mächtigen Kopf thront ein Schlapphut und sein korpulenter Körper ist mit einem altfränkischen Rock bekleidet. Von seinem Aussehen her hätte man ihn für einen Landpastor halten können. Mit seinem scharfsinnigen Blick erforscht er gewissenhaft die nähere Umgebung. Mit einem guten Gespür für das Besondere ausgerüstet hat er schon vor einiger Zeit seine engere Auswahl getroffen, hier auf dem schönen Waldplateau von „Dwörsied". Jetzt gilt es nur noch, die exakte Stelle für sein Bauvorhaben zu bestimmen. So geht er noch einige wichtige Schritte zwischen den Bäumen auf und ab. Ja, noch ist hier ein dichter Buchenwald, aber bald werden die Bäume in einem weiten Umkreis einem wunderschönen Ausblick auf die Ostsee weichen müssen.

Der Herr in bescheidener Tracht ist sich nun sicher. Ja, hier, exakt an dieser Stelle soll es stehen, hier ist der richtige Platz für das Bauwerk – hier genau soll sein Schloss entstehen, nahe dem Steilufer gelegen mit einem herrlichen Ausblick auf Sassnitz und die Proraer Wiek. Ja, es wird ein prächtiges Bauwerk werden – das Schloss Dwasieden, dessen zukünftiger Besitzer Adolph von Hansemann nun zuversichtlich den Park verlässt. Leider hat die Sturmflut vom 12. zum 13. November 1872 seine ersten Pläne verworfen, das Schloss so dicht wie möglich am Steilufer erbauen zu lassen, aber auch an der jetzt gewählten Stelle ist er sich vollkommen sicher, eine vorzügliche Wahl getroffen zu haben. Als man den von ihm im letzten Jahr zuerst festgelegten Platz schon

für die Grundmauern des Schlosses abgesteckt hatte, setzte wenig später die ungeheure Sturmflut ein und spülte etwa 30 Meter des Hochplateaus fort, auf dem das Bauwerk stehen sollte. Diese Flut hinterließ auf weiten Teilen Rügens unermesslich große Schäden. Mit solchen Naturgewalten muss man an der rauhen See ständig rechnen, wie es die Vergangenheit auch immer wieder bewiesen hat.

Bereits im Jahre 1871 war die Leidenschaft für die Insel Rügen in Hansemann geweckt worden, als er zusammen mit seiner Frau Otillie eine Reise hierher unternommen hatte. Er war von der Schönheit der Landschaft so sehr bezaubert, dass er noch im gleichen Jahr die Besitzungen des Gutsherren Eduard von Barnekow auf Jasmund für eine Summe von 693.000 Mark käuflich erwarb. Zu diesen Grundstücken zählten das Rittergut Lancken, das Gut Dargast, das Bauernwesen Lenz und das Kossathenwesen Promoisel. Das zu Lancken gehörende Waldgebiet „Dwörsied" war damit auch in Hansemanns Besitz. Auch wenn man es ihm äußerlich nicht ansah, so gehöhrte er als Geschäftsführer der Disconto-Gesellschaft, einer führenden Großbank im In- und Ausland, zu den reichsten Männern im Deutschen Reich. So fiel es ihm nicht schwer, seine Pläne schleunigst in die Tat umzusetzen (mehr zu seiner Person auf Seite 67).

Jetzt war es also so weit. Der Bau konnte in Angriff genommen werden. Während Adolph von Hansemann sein neues Besitzgut in Augenschein genommen hatte, liefen die Vorbereitungsarbeiten bereits auf Hochtouren. Weil er mit dem berühmten Berliner Architekten Friedrich Hitzig sehr gut befreundet war, übertrug er ihm den Entwurf des Schlosses. Der Lehrmeister von Hitzig war kein geringerer als der Architekt Friedrich Schinkel. So waren die Pläne des Schlosses in den besten Händen.

„Zugleich mit dem Schloßbau, der in zwei bis drei Jahren vollendet sein soll, wird die Umwandlung des eine viertel Meile betragenden Dwörsied in einen Park in Angriff genommen. Bei der bergigen Beschaffenheit des Terrains, dem wunderbar schönen Holzstande, den auf vielen Punkten zu schaffenden Durch- und Fernsichten wird es, wenn nicht der größte, doch einer der schönsten Parke Norddeutschlands werden. Die unendlichen Schwierigkeiten, welche der verstorbene Fürst Pückler Muskau, dieses Genie für Parkanlagen, in seinen beiden derartigen Schöpfungen zu überwinden hatte, existieren in Dwörsied nicht, vielmehr hat die Natur der nachhelfenden Hand des kunstsinnigen Menschen den Weg vorgezeichnet, den er nur einzuschlagen hat, um unserm schönen Rügen zu seinen vielen Reizen einen neuen hinzuzufügen."

„Rügensches Kreis- und Anzeigeblatt" vom 29. März 1873

Die Bauphase von Schloss Dwasieden

Vor Baubeginn war „Dwörsied“ noch ein verträumtes Buchenwäldchen. Das weitläufige Gelände am Steilufer zwischen Sassnitz und Mukran liegt 25 bis 40 Meter über Normal-Null und fällt im Süd-Osten steil zur Ostsee ab. Im Jahre 1519 nannte sich das Waldstück „Twarsyne“. Den eigentlichen Namen „Dwasieden“ erhielten Wald, Schloss und die nähere Umgebung erst durch Adolph von Hansemann selbst. Er bedeutet: „Zwei Seiten“. Hansemann beschrieb mit diesem Namen die herrliche Lage seines Schlosses, welches sich ideal der waldigen Umgebung anpasste: „Zu beiden Seiten ausgerichtet“. Zum einen die schöne Aussicht in Richtung Ostsee, zum anderen den herrlichen Ausblick in Richtung Park und Wald. Ein malerischer Platz für ein Schloss. Nicht zuletzt durch den freien Blick von den beiden Aussichtstürmen des Schlosses in die weite Umgebung.

Die Baustoffbeschaffung für das Schloss war bereits organisiert. Das Gebäude sollte aus französischem Sandstein, schwedischem Granit und Marmor erbaut werden. Dieses Material konnte wegen der günstigen Lage des Bauplatzes unmittelbar am Ufer der Ostsee vom Schiff über das hohe Steilufer direkt zur Baustelle befördert werden. Nebenher ließ Hansemann im Mai 1873 die tiefen, lehmigen, zur Herbst- und Frühjahrszeit kaum passierbaren Wege in seinem Areal befestigen. So wurde der Weg von Sagard über Lancken mit einem Steindamm und an der Seite mit einem Sommerweg versehen. Diese Strecke befand sich ständig in schlechtem Zustand, so dass sie wohl kaum wieder zu erkennen war, als sie auf Hansemanns Betreiben hin auch noch auf beiden Seiten mit Bäumen eingefasst wurde. Weiterhin konnte er durchsetzen, dass in den Gemeinden Crampas und Sassnitz dieses Projekt fortgesetzt wurde, und somit der befestigte Wegebau, vorbei an seinem Schlosspark, bis in das Dorf Sassnitz fortgeführt wurde.

Am 8. Oktober 1873 stellte Hansemann einen Antrag, den anstelle durch Dwasieden laufenden alten Landweg von Mukran nach Crampas auf den nördlicher gelegenen Weg Richtung Lancken zu verlegen, sobald die in Auftrag gegebene Pflasterung auf diesem vollendet ist. Mit dieser Maßnahme leitete er den Verkehr vertragsgemäß um seine Besitzung Dwasieden, so dass

der Schlosspark von dem allgemeinen Verkehr nicht mehr berührt wurde. Der Wald in Dwasieden wurde stellenweise gelichtet, um genügend Platz für die Bauausführung zu haben. Das eigentliche Hauptgebäude ohne die Seitenflügel sollte eine Länge von 100 und eine Tiefe von 90 Fuß haben. Zunächst wurde eine lange Brücke unterhalb des Steilufers angebracht, damit die ersten Bauschiffe hier anlanden und gelöscht werden konnten. Weiterhin wurde eine Eisenbahn von dieser Brücke bis hin zum Bauplatz verlegt, um die schweren Steinkolosse mit Hilfe einer stehenden Dampfmaschine an ihre Stelle zur Weiterverarbeitung zu bewegen. Schwer beladene Schiffe kamen aus Frankreich mit mächtigen Sandsteinstücken, die das hohe Ufer heraufbefördert werden mussten. Ungewöhnliche Tätigkeiten für die Bearbeiter der Steinquader und die zahlreichen anderen zum Schlossbau herangezogenen Arbeiter. Sie wurden so gut bezahlt, dass sie Sonnabend abends nach Sagard gingen und in den Wirtshäusern Champagner trinken konnten. Finanzielle Mittel zum Bau des Schlosses waren von Seiten Hansemanns zur Genüge vorhanden, so dass die Errichtung in beschleunigtem Tempo vonstatten gehen konnte. Auch mussten die Baufirmen nicht lange

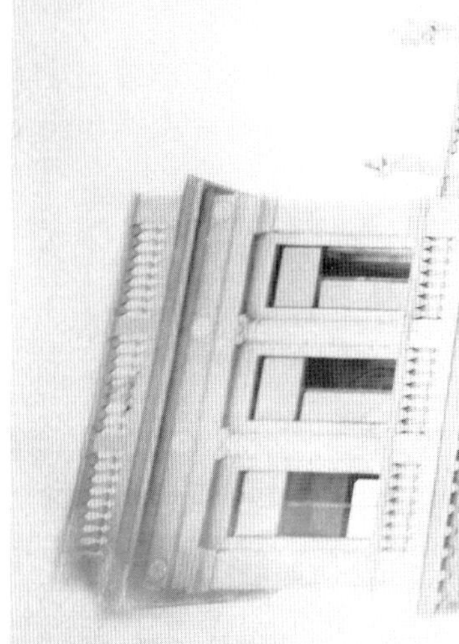

auf ihr verdientes Geld warten. Zum Bau des Schlosses wurden einheimische Firmen verpflichtet. Es waren beteiligt die Stralsunder Firma des Zimmermeisters Georg Walter, die Firma des Maurermeisters Th. Teichen und die Holzhandlung Seitz & Kindt. Viele Zimmer des Schlosses wurden aufwendig mit Holz verziert. Dazu wurde bestes schwedisches Pitchpine-Holz verwendet. Ein besonders stabiles Kieferngehölz, welches noch Generationen überdauern sollte. Das wurde in Unmengen bestellt und angeliefert. Nach der Ausstattung war von diesem Holz so viel übrig geblieben, dass damit noch das Hotel „Prinz Heinrich von Preußen" und die prinzlichen Blockhäuser in Sassnitz gebaut werden konnten. Das Hotel nannte der Baumeister Walter sein Eigen. Er war auch für den Schlossbau zuständig.

Die Bauarbeiten verliefen nicht ohne Zwischenfälle. So verunglückte im April 1876 der Zimmermann Bantow aus Capelle bei Sagard, als ihm beim Einrammen der Pfähle der Rammbär auf den linken Arm fiel. Bantow wurde noch am späten Abend ins Krankenhaus nach Bergen eingeliefert, wo es zur Amputation des völlig zerschmetterten Armes kam.

Die Bauzeit konnte nicht ganz wie im Plan vorgesehen eingehalten werden. Der Aufwand war wohl doch etwas größer als angenommen. Im Jahre 1876 nahte sich der Schlossbau dann schließlich immer mehr seiner Vollendung, die Räume waren aber immer noch nicht bewohnbar. Den Reisenden auf die Insel Rügen wurde das Schloss als Sehenswürdigkeit und wegen seiner schönen Lage schon jetzt empfohlen. Sie mussten sich die Erlaubnis vom Gut Lancken holen, um das außergewöhnliche Bauwerk von außen besichtigen zu können. Erst im Frühjahr 1877 war das Schloss so weit fertiggestellt, dass es dem Herrn von Hansemann zum Sommeraufenthalt dienen konnte. Der Bau des Schlosses und die Gestaltung des 102 Hektar großen Parks kosteten vier Millionen Mark. Zu Hansemanns Zeiten eine enorme Summe. Auch die Umgestaltung des Waldes in eine sehenswerte Parkanlage mit einladenden Wanderwegen war schon auf einem Reißbrett in Arbeit. Das „Rügensche Kreis- und Anzeigeblatt" vom 29. März 1873 beschreibt sie liebevoll: „Zugleich mit dem Schloßbau, der in zwei bis drei Jahren vollendet sein soll, wird die Umwandlung des eine viertel Meile betragenden Dwörsied in einen Park in Angriff genommen. Bei der bergigen Beschaffenheit des Terrains, dem wunderbar schönen Holzstande, den auf vielen Punkten zu schaffenden Durch- und Fernsichten wird es, wenn nicht der größte, doch einer der schönsten Parke Norddeutschlands werden. Die unendlichen Schwierigkeiten, welche der verstorbene

Bild links: Das Schloss in fortgeschrittener Bauphase. Zu erkennen ist der fehlende Vasenschmuck auf den Türmen und die noch nicht vorhandenen Wandmalereien in der Säulenhalle.

Bild rechts: Das Schloss inmitten einer bezaubernden Winterlandschaft.

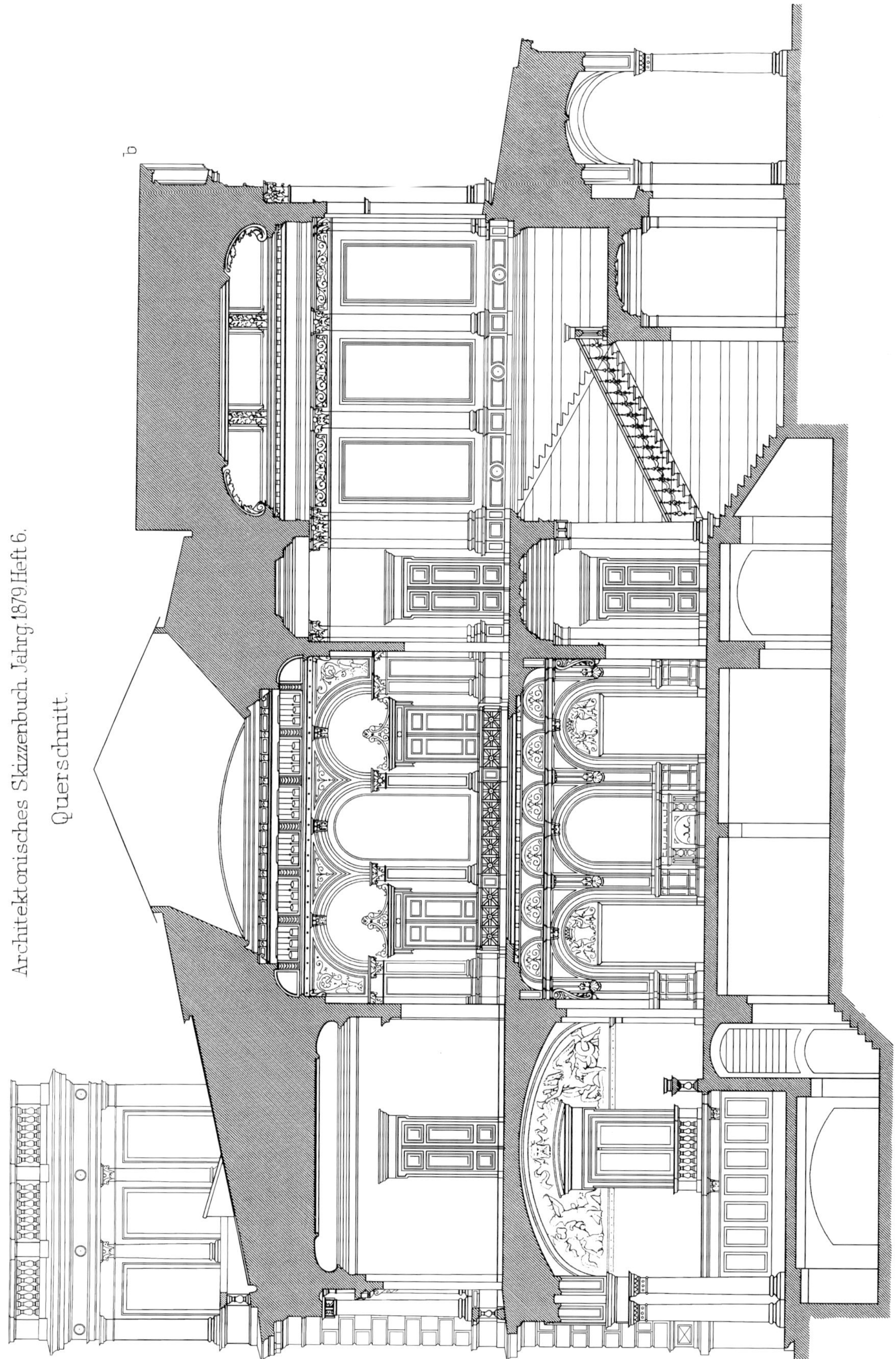
Architektonisches Skizzenbuch. Jahrg. 1879 Heft 6.
Querschnitt.
a
b

Fürst Pückler Muskau, dieses Genie für Parkanlagen, in seinen beiden derartigen Schöpfungen zu überwinden hatte, existieren in Dwörsied nicht, vielmehr hat die Natur der nachhelfenden Hand des kunstsinnigen Menschen den Weg vorgezeichnet, den er nur einzuschlagen hat, um unserm schönen Rügen zu seinen vielen Reizen einen neuen hinzuzufügen.“ [1]

Die Architektur von Schloss Dwasieden

Betrachten wir das Schloss Dwasieden nun etwas genauer. Seltenes Fotomaterial, Beschreibungen und architektonische Skizzen erlauben uns, das Schloss in Gedanken zu durchwandern. Anhand der Bilder ist es uns am besten möglich, sich vorzustellen und zu erahnen, mit welchem Prunk das Bauwerk zur sogenannten Gründerzeit ausgestattet war. Unsere Reise beginnt am Crampasser Pförtnerhäuschen, einem von drei Eingängen zum Dwasiedener Schlosspark: Hatte man den Park betreten und spazierte den Schlossweg entlang, erblickte man schon nach wenigen hundert Metern durch die Buchenblätter hindurch das seitliche Panorama – den rechten Flügel des prächtigen Bauwerkes mit einem uns entgegengestreckten Pavillon. Einige wenige Schritte und man gelangte direkt zur Hinterseite des Schlosses. Hier lichtete sich auch das Buchenwäldchen und ließ den Blick frei für eine wunderschöne Parkanlage bis hinüber zum Marstall. Jetzt stand man direkt vor dem Haupteingang, welcher sich an der Hinterfront befand und an dem schon zahlreiche Gäste des Schlosses empfangen wurden. Kamen sie mit einer Kutsche oder in jüngerer Zeit mit einem Automobil vorgefahren, so konnten sie bei schlechtem Wetter nach dem Aussteigen Schutz unter der von vier Säulen gestützten und überdachten Vorfahrt finden.

Betrat man die große, mit Glasfenstern versehene Eingangstür, befand man sich in einem quadratischen Entreé, einem Vorraum, hinter welchem die repräsentative Treppenanlage begann. Das Treppenhaus war mit vier Steinsäulenpaaren geschmückt. Ging man zwischen dem unteren Paar hindurch, welches mit

Bild links: Ein Stahlstich des Schlosses Dwasieden aus dem Jahre 1879. Das Architektonische Skizzenbuch wurde für Liebhaber der Baukunst in einer limitierten Auflage gedruckt.

Bild rechts: Der obere Teil des Treppenaufganges, die sogenannte Galerie. Sie wurde am Tage ausreichend mit Licht von der Hofseite über drei große Fenster versorgt.

Erdgeschoss.

a Empfangs-Salon.
b Billiardzimmer.
c Bibliothek.
d Speisesaal.
e Anrichtezimmer mit Aufzug.
ff Dienerzimmer mit Entrésol, Closet und Badezimmer.
gg Salon der Dame.
hhh. Zimmer für Gäste.
i Entré.
k Vestibul und Trèppenraum.
l Bedeckte Unterfahrt.
m. Bedeckte Halle.

Erstes Stockwerk.

n. Schlafzimmer.
oo Garderobe d. Dame u. d. Herrn.
p Arbeitszimmer des Herrn.
q Zimmer der Dame.
rrrr Kinderzimmer.
ss Closet und Dienerzimmer.
t Gallerie.
uuuu Zimmer für Gäste.

Kellergeschoss.

Küche, Zimmer für die Dienerschaft.
Kellerei, Heitzkammer etc.

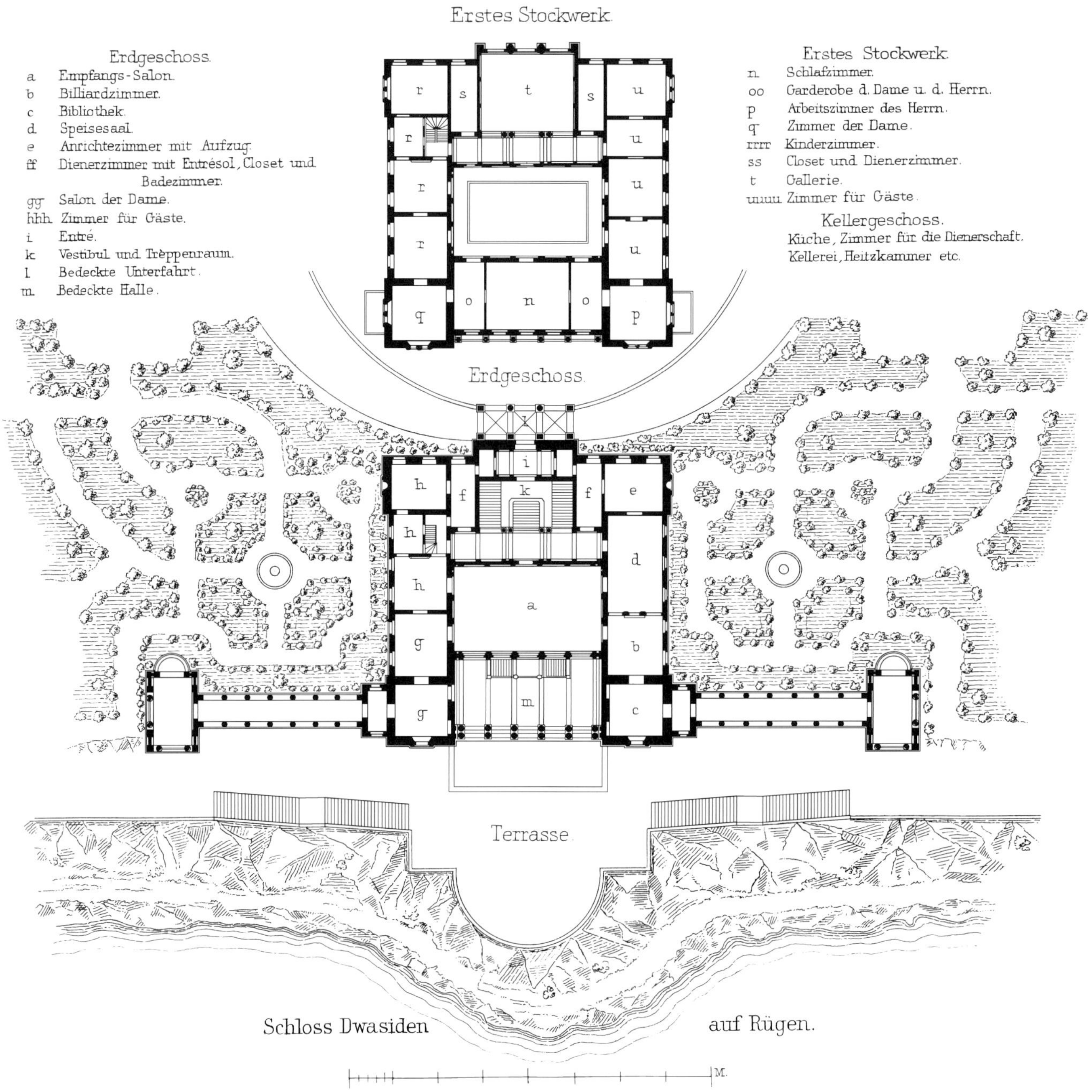

Schloss Dwasiden auf Rügen.

Ernst & Korn. Berlin.

spiralförmig eingerollten Bauornamenten versehen war, befand man sich auf einem mit einem Läufer geschmückten Korridor, von dem man jetzt in verschiedene Richtungen gelangen konnte. Geradeaus bildete dieser den zentralen Zugang zum Hauptsaal, welcher über zwei Etagen reichte. Ging man nach rechts, so gelangte man zu den Damen- und Gästezimmern. Durch die Tür zur linken Seite erreichte man den großen Speisesaal, dem das Billardzimmer und die Bibliothek folgten. Die Bibliothek war sehr behaglich und mit aufwendig verzierten Kassettendecken ausgestattet. Die Bücherschränke waren fest integriert und zusammen mit der Täfelung des Zimmers aus hochwertigem Eichenholz gefertigt. Hermann Münch beschreibt in seinem Buch „Adolph von Hansemann“ (erschienen 1932): „Entsprechend seiner systematischen Natur und seiner Gründlichkeit im Arbeiten, vertiefte sich Hansemann in diese [China, Ergebnisse eigener Reisen, Studien und ein Atlas von China 1885 erschienen von Ferdinand Freiherr von Richthofen – Anm. d. Verf.] und alle anderen Werke, welche in jenen Jahren über China, auch in ausländischer, namentlich englischer Sprache, erschienen waren, und die umfangreiche Literatur über China und chinesische Verhältnisse in der Bibliothek von Dwasieden zeugt noch heute von der Genauigkeit seiner Studien. In der Bibliothek befanden sich Sammlungen von Klassikern und der besten Unterhaltungsliteratur jener Zeit in deutscher, französischer und englischer Sprache.“ Neben dem Hauptfenster in Richtung Seeseite war rechts ein Balkonfenster mit Ausblick auf die Vorhalle eingebaut.

Begeben wir uns in den Hauptsaal, der den Mittelpunkt des Schlosses bildete. Die große Holztür gab den Blick in einen hellen, mit vielen Türen versehenen Saal frei. Geradeaus befanden sich fünf übergroße Fensterflügel, von welchen der mittlere die Außentür zur Veranda bildete. Der gesamte Raum wurde ausreichend mit Tageslicht durchflutet. Dafür sorgte ein im flachen Dach eingebautes gläsernes Oberlicht. Das war eine vortreffliche Lösung, da das Schloss zu Hansemanns Zeiten hauptsächlich in der Sommerzeit genutzt wurde. Anfangs wurden die Räume zum Abend hin allein mit Kerzenschein erhellt: Im Hauptsaal sicherlich nur ein gedämpftes Licht. Den Mittelpunkt des Saales bildeten ein großer Tisch und mit

Bild links: Auf diesem Teil des Stahlstiches ist die Vielzahl der Räumlichkeiten im Schloss ersichtlich. Den Mittelpunkt bildete der große Hauptsaal. Die Treppenkonstruktion am Steilufer kam in hier dargestellter Form nicht zur Ausführung.

Bild rechts: Die Bibliothek. Edelste Eichenholzverkleidungen zierten diesen Raum. Von hier aus gelangte man in den rechten Pavillonflügel.

Stofffransen verzierte Holzstühle. Zur linken Seite befand sich ein großer Flügel und rechts eine Billardplatte. Hansemann liebte die Musik und viele bekannte Musiker seiner Zeit waren seine Gäste. Auf beiden Seiten des Saales stand jeweils ein Kamin mit einem Spiegelaufsatz so groß wie die anliegenden Türen links und rechts von diesen. Durch den Spiegel (siehe Foto auf Seite 77) war auf der gegenüberliegenden Seite das Klavier sehr gut zu erkennen. Symmetrisch passten sich im Hauptsaal die Wandverzierungsbögen und die integrierten Türen den Säulenabständen auf der Terrasse zur Seeseite an. Vom Hauptsaal gelangte man ebenfalls in die verschiedensten Räumlichkeiten in der unteren Etage. Auf der rechten Seite führte der Weg durch den Saal unter anderem zum Salon der Dame, der ebenfalls mit einem Balkonfenster in Richtung Vorhalle ausgestattet war.
Die Zimmer des Schlosses waren mit wertvollen Eichenmöbel eingerichtet. Weiterhin befand sich im Haus eine großartige Sammlung von Altertumsschätzen und Gemälden. So zum Beispiel ein großes Schlachtenbild vom Maler Vernet, welches einen Feldzug Napoleons gegen die Araber darstellte. Auch befanden sich in einigen Sälen noch viele Andenken an die Kaiserzeit. Grund: Die Kinder des damaligen Kaisers wohnten Ende des 19. Jahrhunderts den Sommer hindurch im Schloss und wurden dort mehrmals von ihren Eltern besucht.
In die obere Etage gelangte man über eine einarmig gewendelte, mit einem Podest versehene Treppe. Diese sogenannte Galerie wurde im Sommer ausreichend mit Tageslicht durch die großen Fenster zur Hofseite versorgt. Vom Podest aus sah man oben das zweite Säulenpaar, welches mit Kapitellen aus stilisierten Formen des Akanthusblattes an der Oberseite verziert war. Der Fußboden im Treppenhaus war aus farbigen Steinplatten gefertigt und ebenfalls in der Mitte mit einem Läufer bedeckt. Hier in der Galerie sowie überall im Schloss gab es aufwendig gearbeitete Decken. Oben angekommen stand man erneut auf einem Korridor. Hier „empfing“ die an der Wand stehende Jagdgöttin Diana ihre Gäste. Sie wurde erst einige Jahre nach dem Bau des Schlosses durch den der Jagdleidenschaft frönenden Hansemann aufgestellt. Ging man nach rechts, so gelangte man von hier aus zu den Kinderzimmern und dem Salon der Dame. Linker Hand befanden sich die übrigen Gästezimmer und zur Seeseite das Arbeitszimmer von Hansemann.

Bild links: Das Schloss in seiner vollen Pracht inmitten einer gepflegten Parkanlage.

Bild rechts: Das Arbeitszimmer Adolph von Hansemanns. Auf dem Kamin ist ein Pokal mit dem Porträt seines Vaters David Hansemann zu erkennen.

Sämtliche Zimmer des Schlosses waren mit Kaminen ausgestattet, die jeweils durch individuelles Aussehen und verschiedenartige Farben bestachen. Wählte man den Weg geradeaus, so gelangte man auch hier wieder in den Hauptsaal und befand sich auf einer umlaufenden Galerie aus Holz, von der man mehrere Zimmer in dieser Etage erreichen und den gesamten Saal bestens überschauen konnte. Die genau gegenüberliegende Tür führte ins Schlafgemach der Eheleute Hansemann, welches von beiden Seiten von je einer Garderobe eingerahmt wurde.

Um auf die Terrasse zu gelangen, ging man nun wieder über die Treppengalerie nach unten und öffnete die Tür zum Hauptsaal. Gerade durch den Hauptsaal hindurch erreichte man die Terrassentür. Nun bot sich dem Betrachter ein einmaliges Bild aus tausendundeiner Nacht: Die Säulenhalle offenbarte herrlichste Wandmalereien unter einem aus sechs Paar dorischen Säulen bestehenden Tonnengewölbe. Ornamente in den schönsten Formen in Arabeskenmanier, vermischt mit verschiedenen Tiersymbolen. Über eine zweiarmige Treppe ging man von der Terrassentür auf den mit Steinfliesen verzierten Fußboden der Vorhalle. Die sechspaarigen polierten Granitsäulen ergaben zusammen mit der Ostsee eine faszinierende Kulisse. Ging man durch diese Säulen hindurch, sah man links und rechts jeweils ein Bronze-Reh stehen: ein Kitz und ein Rehbock - weitere Äußerung der Jagdleidenschaft Hansemanns. Nachdem man den Fliesenvorplatz hinter sich gelassen hatte, konnte man zehn Stufen nach unten gehen, um auf den Schlossvorplatz zu gelangen. Dieser bestand aus einer großen gepflegten Rasenfläche mit Rosenrabatten an den Rändern. Jetzt konnte man das Schloss in seiner vollen Schönheit betrachten. Sein eigentlicher Reiz war die Hauptfront, und diese lag auf der offenen Seeseite. Die gesamte Fassade war mit strahlend weißem Sandstein verkleidet, was den Reichtum der architektonischen Gesamtwirkung unterstrich. Das hohe Kellergeschoss wurde ebenfalls mit Zimmern und Lagerräumen ausgestattet. Daher konnte man erst durch die zweiarmige Treppe auf Hauptsaalhöhe gelangen.

Das Schloss war ein quadratischer, zweigeschossiger Bau, an dessen Seiten sich Säulengänge befanden, die in offenen, tempelartigen Pavillons endeten. Auch diese lagen auf dem erhöhten Kellergeschoss, so dass sie einen bemerkenswerten Ausblick auf die Ostsee boten. Die Sockelgeschosse unter den schalenförmigen Pavillons waren aus Feldsteinen gefertigt, welche aufwendig bearbeitet und den Rundungen fugendicht

Bild links: Die Säulenhalle. Vielzählige Tier- und Pflanzenmotive schmücken die Decke und die Außenwände. Durch die rechte Tür geht es in den Hauptsaal. Am anderen Ende ist einer der ersten Strandkörbe zu entdecken.

Bild rechts: Blick in ein Gästezimmer. Jeder Kamin im Schloss bestach durch ein individuelles Aussehen. Prächtige Lampen unterstreichen den pompösen Eindruck.

angepasst wurden. Schutzzäune aus Schmiedeeisen waren zwischen den Säulen auf den Gängen eingebettet. Auf einer älteren Skizzen ist zu erkennen, dass diese Pavillons auf der linken Seite als Musikzimmer und auf der rechten Seite als Billardzimmer genutzt werden sollten. Nach den geplanten geschlossenen Räumen an den Flügelenden hatte man sich wenig später doch für die offene Variante entschieden. Um zu diesen Pavillons zu gelangen, ging man entweder durch den Salon der Dame und einen anschließenden Anbau, welcher mit einem Altar versehen war, oder auf der anderen Seite durch die Bibliothek und einen hier ebenfalls mit einem pompösen Kronleuchter versehenen Anbau.

Auffällig am Schloss waren die beiden an den Eckseiten angeordneten Aussichtstürme mit pfeilerartig hervortretenden Wandstreifen, die das Gebäude überragten. Bei dieser Art des Schlossbaus verband Hitzig das architektonische Vorbild der Doppelturmvilla der Renaissance mit dem Formenrepertoire des Klassizismus. Balkone und giebelartige Fensterüberdachungen verstärkten die Auffälligkeit der Türme gegenüber dem übrigen Bauköper. Wegen der starken Meereswinde waren die beiden Aussichtstürme verglast. In beiden Türmen befand sich eine Wendeltreppe aus Eisen, um ganz nach oben auf das Dach der Turmbauten gelangen zu können. Auch hier waren, wie an zahlreichen Stellen des Schlosses, vasengeschmückte, aus Sandstein gefertigte Balustraden. Die Gliederung des mittleren Teils des Schlosses mit den sechs Säulenpaaren in der Vorhalle wiederholte sich auch in der oberen Etage, in welcher ebenfalls sechs Säulen der aus fünf Fenstern bestehenden Vorderfront vorgestellt wurden. Darüber befand sich eine mit sechs aus Sandstein gefertigte, lebensgroße Figuren besetzte Attika. Auch diese standen symbolisch mit der Jagd eng im Zusammenhang.

In Würdigung Friedrich Hitzigs soll noch erwähnt werden, dass das Schloss Dwasieden zusammen mit dem Schloss in Kittendorf als eine besonders bemerkenswerte architektonische Leistung gewürdigt wurde. Diese fanden auch Eingang in das Künstler-Lexikon von 1924.

Bild links: Der Salon der Dame. Die Aufnahme entstand im Vorflur, vom linken Pavillon aus kommend. Dieser Raum bestach, wie auch die gegenüberliegende Bibliothek, durch ein Balkonfenster mit Ausblick auf die offene Säulenhalle.

Bild rechts: Der Marstall im Jahre 1970. Zu dieser Zeit noch in tadellosem Zustand. Zu sehen sind aus der damaligen Stadtbaudirektion Walter Köppen, Egon Blaschke und der Fahrer Werner Stahnke (von li. nach re.).

Der Marstall

Auch der Marstall wurde nach den Plänen des Berliner Architekten Friedrich Hitzig um 1880 gebaut. Er befindet sich in unmittelbarer Nähe im rechten Winkel zum ehemaligen Schloss. Die Wege zum Schlosshaupteingang und zum anschließenden Marstall waren so angelegt, dass sich ein- und ausfahrende Kutschen nicht in die Quere kamen. Der Weg auf dieser Seite der Parkanlage war ovalförmig und konnte wie ein Rondell befahren werden.

Der Marstall wurde im Einklang mit der Fassadengestaltung des Schlosses mit einem Sandsteinmantel verkleidet. Er ist ein zweigeschossiges, fünfzehnachsiges Gebäude auf einem hohen Sockelgeschoss aus Granit. Im Erdgeschoss befinden sich rundbogige Portale. Quaderungen bestimmen das Bild der Außenfassade. Das Gebäude hat ein mit vorragender Attika versehenes flaches Dach. Unterhalb des Daches zieht sich ein Blütenmuster um das

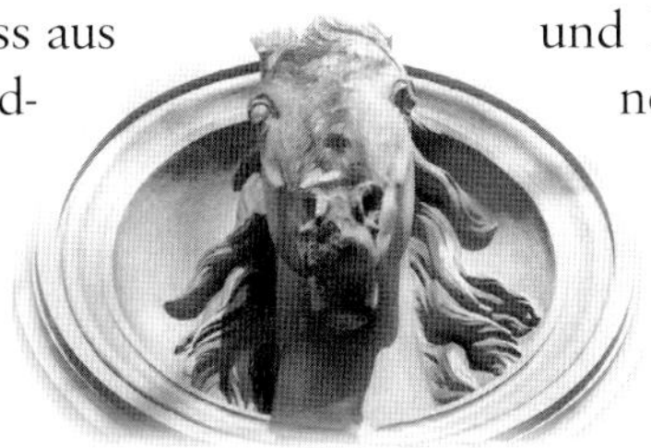

gesamte Gebäude. Die mittleren fünf Achsen beider Traufseiten sind als Risalite mit flachem Dreieckgiebel und Eckverzierungen leicht vortretend. Die Rechteckfenster des Obergeschosses liegen in den Mittelrisaliten zwischen den Pfeilern. An der Vorderfront am Giebel befindet sich das noch recht gut erhaltene Wappen des einstigen Schlossbesitzers. Auch ein Pferdekopf ziert noch heute die Rückseite des Marstalls. In der Mitte des Gebäudes befindet sich der Haupteingang in Form eines Torbogens, durch den die Pferde und Kutschen geführt wurden. Der eigentliche Stallraum im rechten Flügel wurde mit vier Pfeilern aus Berliner Gussarbeit ausgestattet, an denen die Pferde angebunden waren. Die Wirtschafts- und Nebenräume waren teilweise mit aufwendigen Wand- und Eckverzierungen gestaltet, von welchen noch heute einige erhalten sind.

Der Marstall blieb in den Kriegsjahren und während der erfolgten Sprengungen von Schloss und Kasernen unversehrt, fiel aber in jüngster Zeit Brandstiftungen zum Opfer. So wurde die

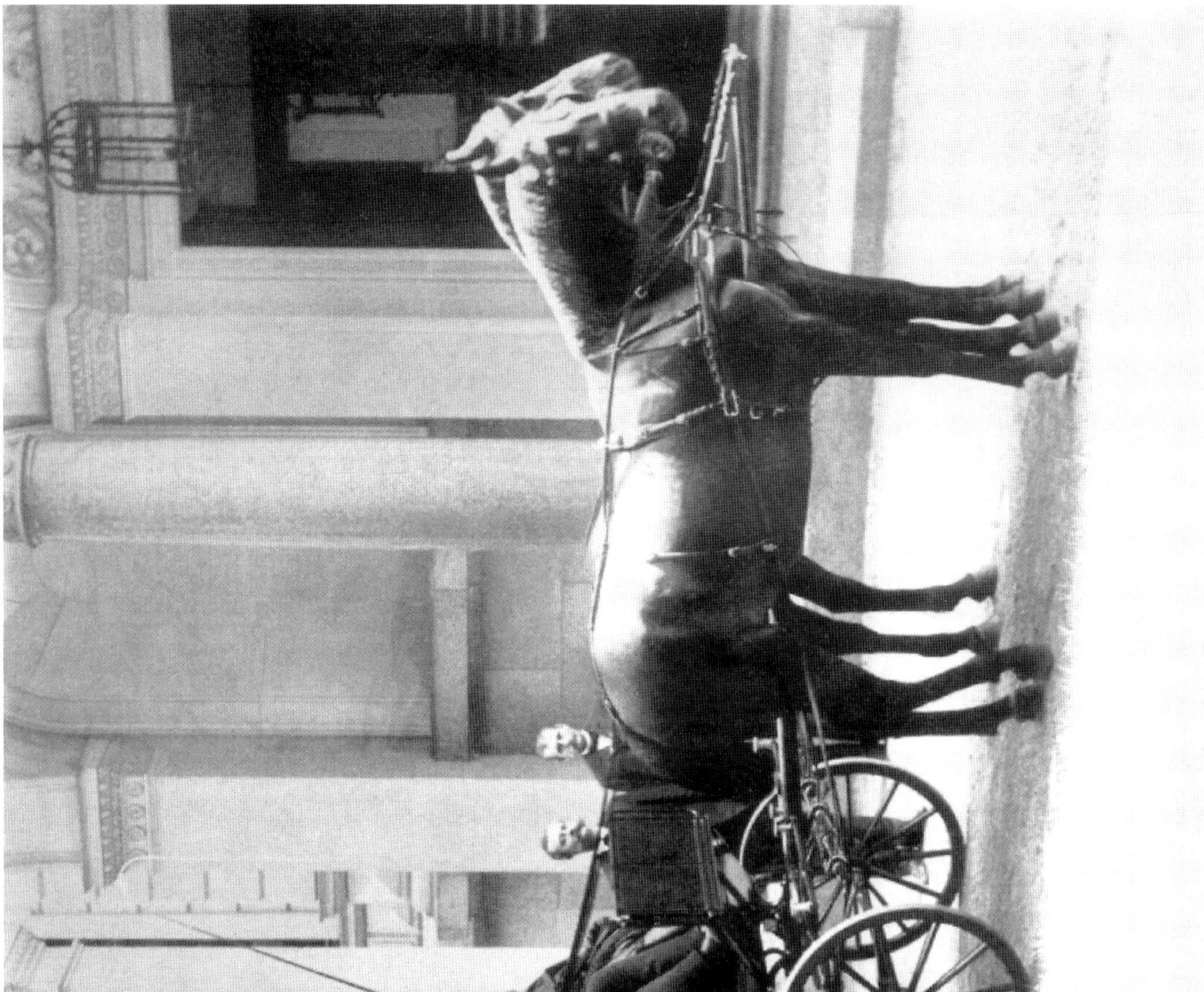

Innenarchitektur teilweise und der gesamte Dachstuhl samt seinen Eckverziehrungen vollständig zerstört. Somit nahm auch die Geschichte des letzten von Hansemann geschaffenen und unter Denkmalschutz stehenden Gebäudes im Schlosspark Dwasieden vorerst ein trauriges Ende.

Die Ufermauer

Mit dem Schlossbau war Hansemann auch gleichzeitig gezwungen, zum Schutz des hochliegenden Strandes gegen unvorhersehbare Fluten und fortwährende Unterspülungen einen steinernen Damm zu errichten. Dieser Bau und die damit verbundenen Änderungen zogen sich über Jahre hin und mussten immer wieder neuesten Erkenntnissen bezüglich der abweichenden Meeresströmungen angepasst werden.
Dieser kostspielige Mauerbau begann zunächst westwärts von der Ufertreppe an, die zum Schloss hinaufführte. Doch nach kurzer Zeit merkte man, dass dieser Schutz nicht ausreichte. Eine Verlängerung auch ostwärts war unumgänglich, da auch hier der Strand immer mehr abgetragen wurde und das Steilufer geschützt werden musste. Die Hauptursache lag in der Erbauung der Hafenmole 1889, so dass der 30 Meter breite Sandstrand vor dem Schloss durch die Veränderung der Meeresströmung nach und nach immer mehr weggespült wurde. Bis 1895 musste daher die Ufermauer allmählich bis hinter die Mündung des Tribberbaches weitergeführt werden. Durch den Molenbau begannen parallel die anhaltenden Probleme mit dem Uferschutz des Schlosses.
Die Mauer hatte eine Höhe von annähernd vier Metern, eine Breite von 2,50 Metern auf dem Bankett und einem Meter auf der Krone. Das Bankett selbst hatte von der Sohle an gerechnet eine Höhe von 1,50 Metern. Das Mauerwerk bestand aus großen und kleinen Feldsteinen, welche einzementiert wurden. Ihre enorme Gesamtlänge betrug 1267 Meter. Vor der Mauer lag der Strand, der früher so breit war, dass hier mühelos zwei Wagen nebeneinander fahren konnten und die Brandung nur in den seltensten Fällen bei heftigem Sturm die Höhe der Ufermauer selbst bespülte.
Aber mit den Jahren waren zerstörte Elemente an der Ufermauer nicht zu übersehen. Die hansemannsche Verwaltung forderte im Jahre 1913 eine wiederholte Entschädigung für die entstandenen Schäden und ließ einen Schadensbericht am 22. Januar des Jahres über die Vermögensberatung schreiben:
„Befestigung Ufer Dwasieden
Der Strand ist jetzt durch den starken Küstenstrom zum Teil vollständig, zum Teil in einem solchen Maße weggespült, daß man stellenweise dort kaum noch gehen kann, obwohl er zumeist noch durch Buhnen, durch eingerammte Pfähle und durch Steinpackungen

Bild links: Adolph von Hansemann zusammen mit seiner Frau nebst Dienerschaft in einer Kutsche vor dem Schloss Dwasieden.

Bild rechts: Eine Luftaufnahme des Schlosses und des Parkes mit weiter Umgebung. Deutlich sind die Mauerführung und die Schlosstreppe am Hochufer zu erkennen.

gesichert ist. Die Beschädigungen sind darauf zurückzuführen, daß durch die Anlage des Hafens nach Schließung der Lücke, insbesondere nach Errichtung der Westmole und Verlängerung der Ostmole, der im westlichen parallel dem Ufer verlaufende Küstenstrom in südlicher Richtung abgelenkt und nach Stauung an den Molen mit gesteigerter Kraft und Geschwindigkeit auf die Ufermauer und den vor ihr liegenden Strand abgedrängt wurde, so daß nach deren Beschädigung und Fortspülung das Steilufer seines Schutzes beraubt und den Angriffen der See unmittelbar ausgesetzt ist.“[2] Ein Entschädigungsanspruch wurde zurückgewiesen. Einem Gutachten des Wasserbauamtes Stralsund vom 6. März 1913 ist zu entnehmen: „Ufermauer von Hansemann, Zerstörungen
Die Ursache ist in erster Linie die Ufermauer selbst und weiter die zur Sicherung des Strandes vor ihrem Fuße errichtete, im zickzack verlaufende Pfahlwand. Beide ragen steil aus dem Wasser und es ist eine alte Erfahrung, daß eine gegen eine steile Wand anlaufende Welle den Grund vor ihr angreift und zu vertiefen sucht. Wir weisen darauf hin, daß solche Zerstörungen durchaus natürlich sind und daß dauernde Unterhaltungen erforderlich sind - ob eine derartige Unterhaltung in der Vergangenheit stets stattgefunden hat, könnte Zweifeln unterliegen. Ein Entschädigungsanspruch der hansemannschen Verwaltung sei bereits durch den Prozeß aus Anlaß des ersten Hafenbaues zurückgewiesen.“[3]
Noch heute stehen vereinzelte Teile der einstigen Ufermauer - steinerne Zeugen, welche immer noch der rauhen See trotzen.

Der Park Dwasieden

Der Schlosspark Dwasieden war zu Hansemanns Zeiten sehr gepflegt. Der Schlossherr hielt sich nicht an geometrisch gebundene Geländegestaltungen - der Park erfreute den Besucher mit natürlichem Aussehen. Gerodet wurden nur wenige Bäume, um nützliche Freiflächen vor und hinter dem Schloss zu gestalten und Spazierwege durch den ganzen Park anzulegen. Diese waren sehr abwechslungsreich - am Steilufer, bergauf und bergab durch den schönen dichten Buchenwald oder im Tal am Bach entlang. Alle Wege waren speziell mit einem Namensschild ausgewiesen. Diese hatte Hansemann selbst bezeichnet und das mit solch einer Kunst, dass der Park noch viel größer erschien, als er wirklich war. Dieser Eindruck wurde im Wesentlichen auch durch die Geländeunterschiede

OSTSEEBAD SASSNITZ A. RÜGEN POETENSTEIG IM SCHLOSSPARK V. DWASIEDEN

begünstigt. Rosenrabatten zierten den Wegesrand zum Schloss und um dieses herum, der Forellenbach war gepflegt und treppenartig angelegt. Vor dem Schloss ließ Hansemann mehrere Eiben pflanzen, die stets formschön beschnitten wurden. Stattliche Fasane spazierten mit ihrem bunten Federkleid stolz durch den Park. Die Fasanerie selbst befand sich nahe dem westlich gelegenen Parkwärterhaus. Die Försterei sorgte für einen ständig gesunden Baumbestand und dafür, dass die Wanderwege stets begehbar blieben. Der gesamte Park war eingezäunt und für den Besucher über zwei Pförtnerhäuschen oder über die Treppe am Hochufer zu erreichen. Diese wurde von der Ufermauer bis hin zum Waldplateau, auf dem sich das Schloss befand, in einem Geländeeinschnitt gebaut (siehe Foto auf Seite 23).
Viele Hünengräber, im Park verstreut, zeugen noch heute von der Ur- und Frühgeschichte Rügens. Auch das große Herzogsgrab, ein Großsteingrab errichtet aus Granitblöcken, wurde schon in den alten Reiseführern als sehr sehenswert erwähnt.

Ein botanischer Spaziergang durch den Schlosspark (aus: „Rügenscher Heimatkalender" von 1931):
„Nunmehr haben wir den Park von Dwasieden erreicht. Gerne flüchten wir nach dem anstrengenden Hochuferweg in den kühlen Waldschatten, der von stattlichen Buchenbäumen gebildet wird. Die Buche ist unter allen Bäumen der geselligste; sie sendet ihre Wurzeln nicht tief ins Erdreich; sie kreuzt sie mit ihren Nachbaren. So mit verschlungenen Wurzeln und Wipfeln trotzt ein Buchenwald den Stürmen und dem Sonnenbrand. Bald nach Eintritt in den Park entdecken wir das männliche Knabenkraut, das wir schon von Lietzow her kennen. Hinzu gesellt sich in großen Mengen der goldgelbe Hahnenfuß. Die unteren Blätter sind rundlich, nierenförmig, ungeteilt oder durch zwei bezw. vier tiefe Buchten drei- bezw. fünfteilig, die oberen Blätter sind fingerig, geteilt mit linealischen Zipfeln. Die Blüten neigen zu monströsen Bildungen, besonders die ersten sind oft verkümmert. Regelmäßige, vollständige Blüten sind sehr selten anzutreffen. Unterhalb des Schlosses am Ufer stehen zwei Büsche vom stechenden Ginster, auch Gaspeldorn oder Heckensame genannt. Alles an diesem Strauch ist dornig oder stechend. Die Pflanze trägt in ihrem oberen Teile seidenhaarige ockergelbe Kelche, in denen die ebensolangen, goldgelben Blüten stecken. Diese erscheinen schon im Frühjahr und schmücken noch im November die oberen Zweiglein. Am Tribber Bach erheben sich weißlich-rötliche Kerzen, die aufrechten Blütentriebe der Pestwurz. Die viel später erscheinenden Blätter wachsen im Sommer zu wahren Riesenschirmen an, ganz große Flächen überwuchernd. Bachaufwärts vegetiert der hohle Lerchensporn. Er blüht schon im frühesten Frühling. Er kann sich das frühe Erscheinen im Frühjahr gut gestatten; denn bereits in vergangenen Jahren hat sich die hohle Knolle mit Nährstoffen angefüllt. Alle Stoffe, die aus der Tätigkeit der Laubblätter stammen, sind in der Knolle zusammengepfercht, so daß der schon im Herbst angelegte Verjüngungsprozeß sofort, wenn das Gelände im Märzschnee frei geworden ist, seine Blüten entfalten kann.

Bild links: Eine Postkarte gibt Einblicke in den gepflegten Schlosspark.

Bild rechts: Eine Ansicht vom Schlossvorplatz bis hin nach Sassnitz.

Dort, wo im Walde der Hauptweg über den Bach führt, steht das große Springkraut, im Volksmunde »Rühr mich nicht an« genannt. Die schotenförmigen Früchte desselben springen während der Reife beim Berühren auf und schleudern dabei den Samen weit fort. Dasselbe geschieht, wenn der Wind die Pflanzen erschüttert oder wenn ein vorbeistreichendes Tier die Früchte berührt. Durch diese Schleudervorrichtung werden die Samen herausgeworfen und die Pflanze weithin verbreitet.
Damit sind wir am Ende des Waldes angelangt. Ein kurzer, mit Ebereschen bestandener Weg führt uns nach Saßnitz."[4]

Weitere Geschehnisse zu Hansemanns Zeiten

Schon während der Bauphase des Schlosses, welches dem Besitzer und seiner Familie vorwiegend als Sommeraufenthalt diente, sorgte Hansemann für die Einwohner in seinen umliegenden Gütern. So machte er sich bereits im Jahre 1874 im Schulwesen in Crampas einen guten Namen. Die Schülerzahl der hier befindlichen Schule hatte 140 erreicht. Das Schulgebäude war diesen vielen Teilnehmern nicht mehr gewachsen. Hansemann wandte sich, noch ehe die Verhandlungen über ein Neubau eines Schulhauses in Crampas zum Abschluss gebracht wurden, an die Königliche Regierung zu Stralsund und an das Ministerium für Geistliche Unterrichts- und Medicinal-Angelegenheiten zu Berlin mit der Bitte, dass seine Güter Lancken, Dargast und Lenz einen selbständigen Schulbezirk bilden. Er bekam die Erlaubnis. Die Eröffnung der neuen Schule in Lancken fand am 1. November 1876 statt. Ein neu entstandenes Arbeiterhaus wurde als Schule genutzt, da zu dieser Zeit noch kein Schulgebäude erbaut war. Zwei Arbeiterwohnungen wurden zu diesem Zweck zu einem „Schul-Local" und zu einer Lehrerwohnung umgewandelt. So konnte der Eröffnungstermin eingehalten werden, ohne ein neues Gebäude bauen zu müssen. Die Schule wurde mit 76 Schülern eröffnet. Zuerst war der Schulbesuch noch sehr mangelhaft, besserte sich dann aber stetig. Zum Schulbezirk gehörten: Lancken, Dargast, Lenz und Dwasieden. Hansemann wurde somit zum Patron der Schule in Lancken ernannt. In dieser fand alljährlich auch eine Weihnachtsfeier für die Schulkinder statt. Hansemann stellte zu diesem Zweck 50 Mark zur Verfügung. Mit diesem Geld wurde der Weihnachtsbaum

Ostsee- u. Kreideheilbad Saßnitz a. Rügen - Schloß Dwasieden - Org.-Fliegeraufnahme

geschmückt und Kleinigkeiten für den Nachwuchs besorgt. Hansemann ordnete an, dass die Kinder, die es in keiner Weise verdient haben, nicht zum Weihnachtsfest eingeladen wurden. Aber alle anderen Kinder sollten gleich behandelt werden, wenn das verschiedene Alter nicht eine Abweichung rechtfertigte. Auch führte Hansemann die Sitte ein, jede Familie in Lancken und Dargast zu Weihnachten mit einem Geschenk zu erfreuen.

Die „Baulust" von Hansemann

Im Mai 1874 kaufte Hansemann das Gut Klementelvitz, etwa 576 Morgen von Kloster St. Annen und Brigitten zu Stralsund für 127.500 Mark. Fast zur gleichen Zeit erwarb er das Kossathenwesen in Crampas für 46.500 Mark. Jetzt gehörten zu seinen Besitzungen exakt das Rittergut Lancken, Gut Dargast, Gut Klementelvitz, Bauerngut Lenz, Kossathenwesen in Promoisel, Wichmannsches Bauernwesen in Crampas und einzelne Äcker sowie Waldgrundstücke im Gemeindebezirk Crampas. Im Jahre 1876 wurden in seinem Auftrag die beiden zu Lancken gehörigen Einliegerdörfer Schlon und Eichholz, zum einen an der Nordseite des Weges von Dargast nach Klementelvitz und zum anderen auf der Ostseite des Weges von Crampas über Dargast, abgerissen. Dieser Maßnahme bediente sich Hansemann auch, um Gut Lancken zu verschönern. Die Einwohner erhielten Wohnraum in den neu erbauten Arbeiterwohnungen, welche zu jener Zeit als großartige Bauten bezeichnet wurden. Es waren große, geräumige Backsteinhäuser. Man sprach damals schon von einer „Baulust" Hansemanns. Alle verfolgten mit Erstaunen, wie Lancken sich zu einem ansehnlichen Dörfchen entwickelte. Die Bewohner des Gutes Lancken waren teilweise mit landwirtschaftlichen Arbeiten und teilweise mit der Gewinnung von Rohkreide beschäftigt. 1874 wurden weitere Stallgebäude für Kühe, Pferde und Fohlen sowie ein Maschinenschuppen neu errichtet. Es waren nicht nur einfach konstruierte Stallungen, sondern mit Gewölbedecken ausgestattete Backsteinbauten. 1897 kamen drei weitere Häuser für jeweils vier Familien und die dazugehörigen Stallungen dazu. 1900 wurde eine Schnitterkaserne gebaut.
Seit dem Jahre 1876 wurde im Kreidebruch Lenz Rohkreide abgebaut. Mit Hilfe einer Drahtseilbahn wurde die Rohkreide zur Ostsee geleitet bis hin zu dem heutigen Westhafen von Sassnitz. Hier warteten schon Segelschiffe an einer von Hansemann errichteten Holzbrücke auf ihre Fracht. 180 bis 200 größere und kleinere Fahrzeuge wurden jährlich beladen. Daraus lässt sich das große Quantum Kreide ersehen, das zur

Bild links: Schloss Dwasieden und der Marstall eingebettet im dichten Buchenwald. Dieses Bild verdeutlicht die herrliche Lage direkt an der Ostsee.

Bild rechts: Ein seltener Schnappschuss direkt unterhalb des Schlosses. Er lädt zur Turmbesteigung ein.

N° 902/74.

Stralsund, den 7. Mai 1874.

Das Provisorat des Klosters St. Annen und Brigitten berichtet wegen Genehmigung des Verkaufs des Guts Clementelvitz.

Einem Rathe haben wir die Ehre zu berichten, daß sich Gelegenheit gefunden hat, das Gut Clementelvitz an den Geh: Commerzienrath von Hansemann zu Berlin unter vortheilhafteren Bedingungen zu verkaufen als wir hoffen dürfen, bei der beabsichtigten und mit Genehmigung des Raths bereits eingeleiteten Veräußerung im Wege der Vereinzelung zu erzielen und daher jetzt uns verpflichtet erachten, im Interesse des Klosters die Genehmigung des jetzt abgeschlossenen Verkaufs seitens des Raths und des bürgerschaftlichen Collegiums gehorsamst zu erbitten.

N° 233/74.

Anfangszeit im Bruch Lenz abgebaut wurde. Hansemann beschäftigte 15 bis 20 Mann zu diesem Zwecke. Die Kreide wurde an die Chemische Produkten-Fabrik in Pommerensdorf zur Herstellung von Pottasche geliefert. Aber nicht immer lief die Kreideproduktion so ertragreich, wie man es sich gewünscht hätte. Am 5. September 1882 heißt es im „Rügenschen Kreis- und Anzeigeblatt": „Unsere Jasmundische Kreideindustrie, die auf der Halbinsel von einigen zwanzig Schlämmereien betrieben wird, befindet sich seit längerer Zeit in einer sehr gedrückten Lage. Die Preise für Schlemmerkreide sind in Stettin so weit heruntergegangen, daß die hiesigen Schlämmer, wenn sie auch nicht gerade mit Verlust arbeiten, doch absolut nichts verdienen."[5] Nach einigen Flauten ging es auch wieder bergauf. Die Verwertung der Kreide sicherte den schwer zu bewirtschaftenden und in ihrem Ertrag häufig unsicheren Gütern auf Rügen stets einen gewissen Betrag. Später, als der Sassnitzer Hafen – im wesentlichen auf Hansemanns Betreiben – angelegt worden war, wurde eine feste Ladungsbrücke im Hafen gebaut. Hier konnten jetzt tiefgehende Dampfer

Schrift links: Auszug aus dem Schreiben vom Kloster St. Annen und Brigitten in Stralsund vom 7. Mai 1874 zum Verkauf des Gutes Klementelvitz (Druckschrift auf Seite 94).

direkt beladen werden. Die Kreideproduktion wurde immer weiter gesteigert und 1897 mit der Gristower Portland-Zementfabrik ein Abkommen auf Lieferung von Kreide getroffen.
Die Lohnverhältnisse in der Landwirtschaft hatten sich wesentlich verbessert, seit Hansemann das Gut Lancken führte. Er sorgte nicht nur für bessere Lebensverhältnisse, sondern auch für eine höhere Besoldung als sein Vorgänger Eduard von Barnekow. So bekamen die Landarbeiter zu Barnekows Zeiten für die Erntezeit 21 Mark, 1 Scheffel Roggen und freie Kost. Hansemann gewährte zur Erntezeit eine Entlohnung von 66 bis 75 Mark, wenn auch ohne freie Beköstigung. Werden die Einnahmen eines Arbeiters von 1870 mit den Einnahmen von 1884 verglichen, so war festzustellen, dass sich der Lohn um etwa 192 Mark erhöht hatte. Dieses wurde von den Einheimischen dankbar anerkannt und jeder war wohl glücklich darüber, dass Hansemann dieses schöne Fleckchen Erde für seinen Sommeraufenthalt „entdeckt" hat. Die Güter wurden nicht von ihm selbst, sondern durch einen beauftragten Beamten verwaltet. Dazu gehörte ein Oberinspektor, welchem ein Wirtschafter und ein Rendant zur Seite stand. Ab 1879 kam das Gut Dargast auch unter die Verwaltung von Lancken, als es nicht mehr verpachtet wurde. Sämtliche Güter von Lancken wurden von Hansemann aus verwaltet.

Hansemanns Sommeraufenthalt

In den Folgejahren nach der Fertigstellung des Schlosses empfing Hansemann zahlreichen Besuch auf seinem Sommersitz. So heißt es zum Beispiel am 26. August 1879 im „Rügenschen Kreis- und Anzeigeblatt": „Von Donnerstag, den 14. bis zum Dienstag, den 19. August, war Se. Excellenz der General-Postmeister Dr. Stephan hier anwesend. Se. Excellenz war auf einer Erholungsreise begriffen und besuchte den Geheimen Commerzienrath von Hansemann auf Schloss

Dwasieden. Hochderselbe wurde am Strande von letztgenannten Herrn sowie von Verwalter des Postamtes in Saßnitz, Herrn Postsecretair Zorn, bewillkommnet und auch später verabschiedet.“[6]

Hansemanns Anreisen auf Schloss Dwasieden wurden mit großer Freude angekündigt. Am 6. August 1881 hieß es im gleichen Blatt: „Der Geheime Commerzienrath, Herr von Hansemann aus Berlin ist mit seiner Familie und großer Hofhaltung am Mittwoch auf seine Besitzung Lancken eingetroffen, um in seinem romantisch gelegenen, herrlichen Schlosse in Dwasieden längere Zeit zu wohnen. Herr von Hansemann war, seitdem er auf Jasmund durch seine Besitzungen ansässig geworden ist, stets bestrebt, die hiesigen Verhältnisse zu verbessern und sind seine Bemühungen vielfach nicht ohne Erfolg gewesen; die persönliche Anwesenheit wird deshalb immer mit Freuden begrüßt.“[7] Und noch eine Meldung am 1. Juni 1882: „Der geheime Commerzienrath, Herr von Hansemann, nebst Familie und Gefolge ist am verflossenem Sonnabend Abend auf seinem herrlichen Schlosse Dwasieden eingetroffen, um die Feiertage auf Rügen zu verbringen. Der Park, welcher das genannte Schloss umgibt, ist gegenwärtig wirklich reizend und schreiten die Verschönerungen und Verbesserungen in demselben unaufhaltsam vorwärts.“[8]

Aber auch in Dwasieden konnte Hansemann seine Tage nicht ganz ohne Arbeit verbringen: „Wie seine Unternehmungslust, so war auch seine Pflichttreue ohnegleichen. Sein Leben gehörte der Bank, von morgens früh bis abends spät arbeitete er dort, selbst der Abend zu Hause wurde mit der Lektüre von Zeitungen und Akten ausgefüllt. War er in Dwasieden oder auf seinen Gütern in Posen, so begleitete ihn sein Sekretär, und auch dort waren die Morgenstunden der Berufsarbeit vorbehalten.“*

Hansemann hielt sich um 1884 und in den Folgejahren etwa fünf bis sechs Wochen jährlich in Dwasieden auf. Neben einigen Feiertagen oder wichtigen Jagdanlässen, verbrachte er mit seiner Familie hauptsächlich den Sommer auf dem Schloss. Aus dieser Zeit gibt es auch folgende exakte Auflistung von der Größe seiner einzelnen Güter: Rittergut Lancken (510 ha), Gut Dargast (244 ha), Gut Klementelvitz (144 ha), Bauerngut Lenz (27,5 ha), Kossatenwesen in Crampas (40 ha) und in Promoisel (10,5 ha).

Das Gästebuch

Das Schloss Dwasieden besaß auch ein Gästebuch. Es wurde nach dem Krieg zwar gerettet, aber später durch einen Brand vernichtet. Es war ein kunstvoll gebundenes, Herrn Hansemann von seinem Schwager Ravené zur Einweihung des Schlosses geschenktes Fremdenbuch. Verse aus der Feder von Johannes Trojan, mit welchen dieses Buch beginnt, lassen die Gastfreundschaft und Fürsorge Hansemanns spüren:

„Herzliche Bitte.

Bevor Du scheidest, lieber Gast,
Von hier, wo Du gehalten Rast,
Schreib, ob Du frei von Sorg und Last
Und wohl Dich hier befunden hast.

Doch sollt' es etwan anders sein,
Hatt'st Du gefühlt ein Stündelein
Sei's Hunger's oder Durstes Pein,
So schreib auch das, ich bitte ein.
Und schien etwan Dein Bett Dir schlecht,
Der Wein nicht echt, den Du gezecht,
War nicht gehorsam Magd und Knecht,
So schreib's hier ein! Das ist Dein Recht!

Auf daß man Hilfe schaffen kann,
Es besser geht dem nächsten Mann
Und fürder Niemand klagen kann,
Dies wünscht der Wirth von Hansemann." *

Wie sehr es den Gästen auf dem Schloss Dwasieden gefallen hat, vermittelt folgender Eintrag aus dem Sommer 1886. Dieser stammt aus der Feder des Gesandten in Berlin, Hsü Ching Cheng, welcher den chinesischen Gesandten in London, Tseng Marquis of Gnyong auf das Schloss begleitete. Er schrieb diese Zeilen und folgendes Gedicht mit Tusche in chinesischen Lettern:

„Tseng Marquis of Gnyong
2nd August 1886
Eingetragen von S. Exc. Hsü Ching Cheng Gesandter in Berlin.
Herr von Hansemann hatte mich eingeladen, bei ihm eine Nacht auf seinem Landhause an der Seeküste zuzubringen, zu Schiffe zu fahren und das elektrische Licht in Augenschein zu nehmen. Zum Andenken lasse ich hier eine Widmung, wie den Fußtritt der wandernden wilden Gans (im Sande).

Breites Meer, keine Wellen, Wolken bilden Bergesgipfel.
Der Herr des Hauses hat geplant und errichtet ein Haus sich anlehnend an die immergrünen Tannen.
Viele Jahre der Ruhe Hauch (Geist des Friedens) werden zu Teil den Fischen und den Vögeln.
Zehntausend Li (chin. Meile) herkommend empfängt

Bild links: Eine Aufnahme aus dem Jahre 1930, auf der sich eine Familie Hagemann auf der Schlosstreppe verewigen ließ. In der Mitte Herr Hagemann und vor ihm seine Frau zusammen mit Tochter. Die Familie war mit dem Schlosspersonal befreundet.

Bild rechts: Die Hofseite des Schlosses mit einer vorgefahren Pferdekutsche.

man den Gast, ein gegenseitiges Lächeln bei der Begrüßung.
Im 12. Jahre der Regierung Kwangsü, dem 2ten Tage des 7ten Mondes dem Herrn Gastgeber von Hansemann ehrfurchtsvoll gewidmet in seiner Villa.
Gez. Tseng Marquis of Gnyong.“*

In das Gästebuch hatten sich unter anderem auch eingetragen: Der Kaiser mit seiner Familie, Postminister von Stephan, Fürst Eulenburg, Markgraf Pallavicini, Georg von Siemens, Carl Rotschild, der russische Finanzminister von Ruge und noch viele Geschäftsfreunde der Hochfinanz, Staatsmänner und Diplomaten.

Der Hafenbau

Zwischen 1887 und 1896 wurde auf Betreiben von Hansemann der Sassnitzer Hafen angelegt. Schon während des Molenbaus wurde ersichtlich, dass die anfänglich geplante Hafenanlage zu klein gewesen war: Bei anhaltenden Sturmtagen drängten sich schwedische, dänische und norwegische Schiffe im Schutz der im Bau befindlichen Mole. Für Fischerboote, für die der Bau eigentlich geschaffen wurde, war kaum ein Platz vorhanden. Der Baumeister Richard Koss war verantwortlich für den Molenbau. Er war sich schnell bewusst, dass die finanziellen Mittel für einen größeren Molenbau fehlten. Er reichte seiner vorgesetzten Behörde, dem Regierungspräsidenten in Stralsund, seinen Plan zu einer größeren Hafenerweiterung ein. Dort wurde der Plan wegen der Kosten für aussichtslos gehalten. Es gelang Herrn Koos auch dessen Weiterleitung an das Ministerium. Aber auch hier bekam er eine glatte Ablehnung. So wendete sich Koos mit seinem Anliegen an Herrn Hansemann. Er selber schrieb in seinen Aufzeichnungen: „Aber den Plan etwa aufgeben? Niemals! Nun gerade! Eins war mir klar: Ich mußte anderweitig für meine gute Sache werben. So klagte ich denn eines Tages unumwunden mein Leid einem hochvermögenden Gönner, der in der Nähe von Saßnitz ein Schloß besaß – ein schönes Schloß am Meer – und der mich zuweilen in dieses Schloß einlud, besonders wenn der vierte Mann zum Whist fehlte. Dem Herrn von Hansemann durfte man so etwas nicht abschlagen. Auch hatte es seinen Reiz, mit diesem Manne am Spieltisch zu sitzen, der tonangebend in der Hochfinanz die Karten mischte.“[9]
Herr Hansemann hörte aufmerksam hin, als Koos ihm sein Leid klagte. „Seinen mich tröstenden Worten, die ich aus freundlicher Teilnahme für mein Mißgeschick entsprungen wähnte, maß ich zunächst nicht allzuviel Bedeutung bei, wurde aber doch stutzig, als er mir mit eigenartigem Schmunzeln auf die Schulter klopfte und sagte: »Tun Sie nichts weiter Herr Koos, sondern lassen Sie mich mal machen.« Das klang ja sehr dunkel orakelhaft, und es verging auch einige Zeit, wo ich nichts weiter erfuhr, bis ich plötzlich Grund genug hatte, von einer Verwunderung in die andere zu fallen.“ Alles wurde gut – schneller als Herr Koos gedacht hatte, wurde aus dem kleinen Fischereizufluchtshafen ein deutsch-schwedischer Verkehrs-

Ein Blick in die Säulenhalle, welche über großzügige Sitzgelegenheiten verfügte.

hafen. Herr Koos war der eigentliche Schöpfer des Sassnitzer Hafens und Herrn Hansemann gebührt die Ehre, diesen durch seinen großen Einfluss und finanzielle Mitteln aus der Taufe gehoben zu haben.

Hansemanns Jagdleidenschaft

Hansemann war Jäger aus Leidenschaft. Zu den Pfingsttagen weilte er mit seiner Familie in Dwasieden, um den Schnepfenzug nicht zu versäumen und um sich an dem jungen Grün der Buchen und dem Anemonenflor im Park zu erfreuen. Auch erschien er hier im Herbst und Winter noch einige Male zur Pirsch. Es war für ihn die vornehmste Quelle der Erholung bis zu seinem Lebensende. Es durfte auch nie eine noch so wichtige Sitzung auf den 1. Mai gelegt werden, da dieser Tag der Eröffnung der Diana geweiht war. Unzählige Trophäen, die Hansemann auf seiner Jagd erlegt hatte, schmückten das Schloss Dwasieden. Vater und Sohn standen in regem Briefverkehr und häufig war bei Adolph die Nachricht verkündet, das ein braver Hirsch oder ein braver Bock erlegt sei oder dass er einem solchen nachspüre. So schrieb er am 15. August 1892: „Das Rothwild hat in dem Roggen und in den Erbsen von Dargast arge Verwüstungen angestellt. Bis jetzt erlegte ich: 2 Spießer, 2 Schmalthiere und 1 Geltthier und hoffe, mich noch mehr zu rächen...!“ *

Besuch des Kaiserpaares

Auch die deutsche Kaiserfamilie kam zum Urlaubsaufenthalt nach Dwasieden. Im „Rügenschen Kreis- und Anzeigeblatt“ vom 9. Juni 1895 war zu lesen: „Wie mitgetheilt wird, wird Ihre Majestät die Kaiserin und Se. Majestät der Kaiser auf kürzere Zeit nach hier oder vielmehr nach dem von Hansemann´schen Schlosse Dwasieden hier bei Saßnitz kommen und am 1. und 2. Juli eintreffen. Ob die Ankunft per Bahn oder Schiff erfolgt, darüber ist nichts bekannt. Umfangreiche Vorbereitungen für den Empfang und den Aufenthalt der Allerhöchsten Herrschaften werden im Schlosse und in der Umgebung getroffen. Unter anderem ist bereits eine Telegraphen- und Telephonleitung vom Schlosse

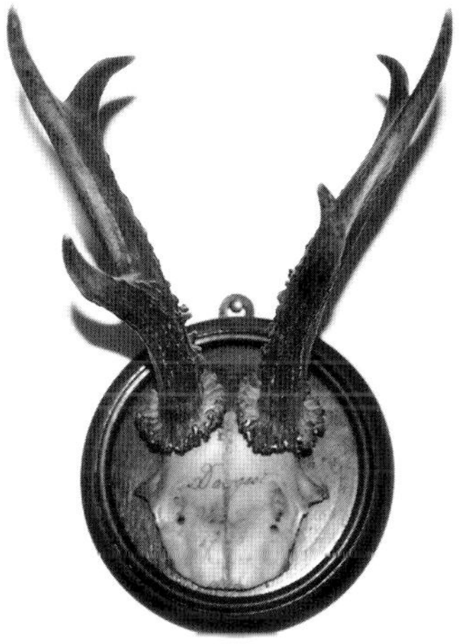

Trophäe aus dem Schloss Dwasieden von einem erlegten Reh in Dargast.

Im Hauptsaal: Gräfin Caprivi, Peter Münch (Sohn vom Buchautor „Adolph von Hansemann“), Gräfin Giuseppina von Schlippenbach und Ilse Münch (von li. nach re.).

nach Saßnitz sowohl wie nach dem Gutshofe Lanken hergestellt [im Pförtnerhaus wurde ein vollständiges Postamt eingerichtet, das Telegrafenamt wurde im Marstallgebäude untergebracht - Anm. d. Verf.]. Der Bau einer neuen Badeanstalt am Sandstrande unterhalb Dwasieden soll sofort in Angriff genommen werden; ebenfalls die Herstellung einer 75 Meter langen festen Landungsbrücke für Pinassen; denn es ist bei der Vorliebe Ihrer Kaiserlichen Majestäten für den Wassersport wohl anzunehmen, daß während des Aufenthaltes desselben ein Theil des Geschwaders die Rhede hier vor Saßnitz-Crampas und Dwasieden stark beleben und dem Publicum manches schöne Schauspiel geboten werden wird.“ [10]

Schon wenige Jahre vorher besuchte die Kaiserin auf Einladung von Hansemann das Schloss Dwasieden und hat sich so wohl gefühlt, dass sie im Jahre 1892 auch ihre Kinder dorthin schickte.

Hansemanns 70. Geburtstag

Das Haus in der Tiergartenstraße in Berlin blieb in Hansemanns Leben der Mittelpunkt der Familie. Er bewohnte eine prächtige Doppelvilla, welche er auch von Friedrich Hitzig errichten ließ. Er liebte Familienfeiern im engsten Kreise und sie waren für ihn eine Erholung, die er mit großer Freude genoss. Aber Dwasieden war sein Lieblingsaufenthalt, auf den er sich schon tagelang vorher freute. Die Reise wurde stets abends angetreten und zum Abendessen gab es eigens von ihm bestellte gebratene Flundern, die im Speisewagen verspeist wurden.

In den letzten Jahrzehnten seines Lebens feierte er seine Geburtstage fern von Berlin und möglichst inoffiziell auf dem Schloss Dwasieden. So auch seinen 70. Geburtstag im Jahre 1896, zu welchem ihm Glückwünsche und Ehrungen aus aller Welt zugingen. Er feierte mit seiner Familie, seinen Geschwistern und deren Nachkommen, den Angehörigen seiner Frau und einigen ganz intimen Freunden, wie mit dem Herrn Max von Schinckel, welcher jahrelang mit ihm an großen Geschäften zusammenarbeitete. Dieser Tag wurde durch Aufführungen, die vorwiegend von seiner Frau organisiert wurden (neben der Malerei hatte Hansemann ein sehr feines Verständnis für die Musik), rundum verschönert.

Die Stromversogung

Im Jahre 1897 plante Hansemann die Erbauung einer elektrischen Zentralstation auf seinem Gut Lancken. Schloss Dwasieden wurde bis dahin schon zwei Jahre mit elektrischem Licht versorgt. Die Erzeugung dieser Energie war jedoch sehr umständlich. Die Dynamomaschine wurde durch einen Gasmotor angetrieben und die Besorgung des nötigen Gases erforderte verhältnismäßig viel Personal und Zeit. An der Stelle, wo die Putbusser Straße den Damm nach Sagard kreuzte, ließ Hansemann ein Gebäude zur Aufnahme einer größeren Dynamomaschine mit Dampfbetrieb errichten. Es war sein Ziel, nicht nur das Schloss, sondern auch die Wirtschaftsgebäude von Lancken mit elektrischem Licht zu versorgen. Weiterhin sollten die Maschinen, Bagger, Häcksler und andere Gerätschaften

Bild links: Silberbesteck aus dem Schloss Dwasieden.

Bild rechts: Zwei Damen eingebettet in fabelhafte Terrassenbeleuchtung.

auf seinem Gut damit betrieben werden. Das „Ückermünder Tage- und Wochenblatt" schrieb zum aktuellen Anlass: „Auch nach dem Lenzer Kreidebruch wird ein starker Strom geleitet werden, um hier als treibende Kraft an einer Drahtseilbahn für Kreideförderung zu wirken. Diese Bahn führt in der Nähe von Dwasieden zu einer Brücke, von welcher aus die Rohkreide direkt ins Schiff geschüttet wird. Es ist klar, daß diese Arbeit nur bei ruhiger See möglich ist. Diesem Übelstand abzuhelfen, beabsichtigt der Geheimrat die Ladebrücke um einige hundert Meter nach Osten hin zu verlegen, so daß sie im ruhigen Wasser des Hafens zu stehen kommt." [11] Anfang 1900 bekam das Gut Lancken Elektroenergie durch ein 24 PS starkes Kraftverteilungszentrum mit zwei Gleichstromgeneratoren. Eine Sammlerbatterie sorgte dafür, Schloss Dwasieden mit 314 Glühlampen zu beleuchten.

Ein weiterer Besuch

Im Jahre 1897 wurde die Dampfverbindung zwischen Rügen und Trelleborg in Sassnitz eingeweiht. Dazu wurden der schwedische Minister des Auswärtigen, Exzellenz Graf Douglas, und weitere Persönlichkeiten zu Besuch auf das Schloss Dwasieden eingeladen. Zuerst stand auf dem Programm eine Dampferfahrt, welche in Richtung Lohme unternommen wurde. Die Herrschaften waren in fröhlicher, gehobener Stimmung. Sie feierten bis in die Dunkelheit hinein, landeten wieder im Sassnitzer Hafen und wurden mit einem Sonderzug nach Crampas geleitet: „Hier standen wiederum schon die Wagen bereit, um nach Schloß Dwasieden, dem reizend gelegenen und so fürstlich eingerichteten Schlosse zu fahren; denn Herr Geh. Kommerzienrat von Hansemann hatte die große Liebenswürdigkeit gehabt, sämtliche Festteilnehmer zu sich auf sein Schloß zu laden. Der ganze Weg durch den Wald und den Park wurde von Mannschaften, welche mit Pechfackeln an der Seite desselben standen, erleuchtet. Bei der Ankunft erglänzte das Schloß in bengalischem Licht. In den großen pompösen Räumen war alles aufs Spendabelste für den Empfang der zahlreichen Gäste vorbereitet worden. Der Herr Gastgeber empfing selbst jeden Erschienenen vor dem Eintritt in den Saal mit freundlichen Worten. Im Nebenraum konzertierte die Militär-Kapelle. Im Laufe des Abends brachte Exzellenz Graf Douglas einen Toast auf Herrn von Hansemann aus." [12]

Briefverkehr

Nach seinem 71. Geburtstag schreibt Hansemann liebevoll an seine Enkelin, die fast siebenjährige Frieda, folgenden Brief:

„Schloß Dwasieden, 3. August 1897

Liebes Friedchen!
Ich danke der lieben Thya und Euch Kindern für die Geburtstagswünsche. Über Deinen Brief habe ich mich besonders gefreut. Auch erfreut mich das Briefchen von Ilse, obgleich ich es nicht verstehen konnte. Wie schade, daß Ihr nicht bei mir in Dwasieden seyd, wo es sehr schön ist. Ich sähe Euch so gerne am Strande spielen.
Es sind ziemlich viel Rehkinder, die man Kitzen nennt, im Parkwalde; sie blicken so zutraulich die Vorübergehenden an.
Die Ponys befinden sich wohl und sind sehr lustig. Thea Sachau fährt mit den Ponys aus.
Ich habe auch hier immer etwas auf Lager, aber niemand meldet sich, um es zu holen.
Ich grüße Euch Alle herzlich, Thya, Dich, das Weißköpfchen und die süße Anna.

Euer treuer Vatting

Adolph.“ *

Und vom gleichen Tag:

„Liebes Weißköpfchen

dies sende ich Dir zum besonderen Gruß aus Dwasieden und zum Zeichen, daß ich an Dich denke und Dich lieb habe.

Dein treuer Vatting

Adolph.“ *

Hansemann war im Inneren ein herzensguter Mensch, welches man an diesen Briefen nachempfinden kann. Im Geschäftsleben in seiner Bank war er eher von rauer Natur, aber eine wahre Führungspersönlichkeit und von allen Mitarbeitern hoch geschätzt.

Es wird in alten Schriften auch immer wieder betont, wie sehr Hansemann auf das Wohl seiner Arbeiter in Lancken bedacht war. So ließ er im Sommer 1897 drei neue Vierfamilienhäuser nebst Zubehör in der Nähe des Gutes Lancken erbauen. Diese sollten, wie man sie zu dieser Zeit beschrieben hatte, große, gesunde und den Anforderungen der Zeit entsprechende Wohnungen enthalten. Die Bauarbeiten wurden dem Maurermeister Dörfer in Sagard übertragen. Alte Katen wurden im Gegenzug zu dieser Baumaßnahme in Crampas abgerissen, um ein besseres Ortsbild zu bekommen.

Bild links: Eine Hofaufnahme, in der das Schloss im hellen Sonnenlicht erstrahlt.

Bild rechts: Die Büste Adolph von Hansemanns zu seinem Tode im Dezember 1903, aufgestellt im Kassensaal der Disconto-Gesellschaft in Berlin.

Abschied von Hansemann

Aus der Ehe von Adolph und Ottilie von Hansemann gingen zwei Kinder hervor: Ferdinand und Davide Eveline von Hansemann. Ferdinand verstarb am 3. Oktober 1900 kurz vor Vollendung des 40. Lebensjahres. Für den Vater war das ein furchtbarer Schlag - er verlor den einzigen Sohn, an dem er mit zärtlichster Liebe hing. Selbst nahestehende Freunde und Mitarbeiter durften monatelang dieses traurige Ereignis nicht erwähnen, weil er sonst fürchtete, die Fassung zu verlieren.

Er selbst starb drei Jahre später. Im Oktober 1903 reiste der 77-jährige auf seine Besitzung in Pempowo (heutiges Polen), um sich auf einer seiner Jagdveranstaltungen erholen zu können. Er musste aber bald wieder zurück nach Berlin, da er sich nicht wohlfühlte. Nur einige Tage war er in seiner Bank tätig, dann konnte er nur noch von zu Hause aus zusammen mit seinem Sekretär arbeiten. Am 8. Dezember war er am Nachmittag etwas eingeschlummert und fragte, abends wieder aufgewacht, nach seinem Sekretär, der längst nach Hause gegangen war. Hansemann äußerte sich daraufhin: „Nun, dann arbeiten wir morgen früh weiter!“* Das waren seine letzten Worte, bevor er wenig später verstarb.

Am 20. Dezember veranstaltete die Disconto-Gesellschaft im großen Kassensaal eine Gedächtnisfeier, bei welcher der Vorsitzende des Aufsichtsrates, Unterstaatssekretär a. D. Dr. Paul David Fischer, die großangelegte und tiefempfundene Gedächtnisrede hielt, in welcher er den Entschlafenen in seiner geschäftlichen Bedeutung wie als Mensch würdigte. Seine Schlussworte: „Eine deutsche Eiche, fest verwurzelt, mit weitreichender und hochragender Krone, die Rinde rauh, knorrig die Äste, das Innere kernfest und voll gesunden Marks, unerschütterlich, zäh und kraftvoll, so hat er vor uns gestanden und so wird sein Bild, durch kein Siechtum abgeblaßt, frisch in unserer Erinnerung fortleben. Wie die Mitwelt, so wird in noch höherem Maße die Nachwelt ihn zu den Männern rechnen, deren treue unermüdliche Arbeit unter Kaiser Wilhelms gesegnetem Regiment und unter Führung des Fürsten Bismarck Deutschlands Machtstellung in der Welt neu begründet hat.“*

Der Geschäftsbericht des Instituts für das Jahr 1903 widmet dem Entschlafenen den Nachruf: „Durch den am 9. Dezember v. J. erfolgten Tod unseres Seniors, des Geheimen Kommerzienrats Adolph von Hansemann, hat unsere Gesellschaft einen unersetzlichen Verlust erlitten. Seit dem 1. Mai 1857 hat der Verstorbene mit rastlosem Fleiße und unermüdlichem Schaffensdrang an der Spitze des von seinem Vater ins Leben gerufenen Instituts gestanden; seine an Erfolgen reiche Tätigkeit verpflichtet uns zu unauslöschlichem Danke. Eine am 20. Dezember v. J. im Kassensaal der Disconto-Gesellschaft abgehaltene Gedächtnisfeier legte Zeugnis ab von dem Ansehen und der Verehrung, deren Adolph von Hansemann sich nicht nur im Kreise seiner Mitarbeiter und Untergebenen, sondern auch der berufenen Vertreter unseres Staats- und Wirtschaftslebens erfreut hat.“ *

Weiterhin sprach Dr. Paul David Fischer in seiner Gedächtnisrede über Hansemanns großartige Bedeutung als Landwirt: „... Aber er ist auch selbst Landwirt gewesen, und er ist es mit Liebe gewesen. Wer je einen Blick in die Verwaltung seines Grundbesitzes getan hat, wem es vergönnt gewesen ist, ihn auf seinen Rundgängen durch die Wirtschaftsgebäude, die Ställe, die elektrischen Anlagen, die von ihm mit besonderer Liebe und Freigebigkeit geschaffenen Arbeiterwohnungen zu begleiten, der weiß, dass sein Landbesitz ihm nicht bloß eine Stätte der Erholung, ein Sommersitz oder Jagdgrund war, sondern dass er die Landwirtschaft mit Ausdauer, Liebe und Verständnis betrieben hat. Von Herrn von Hansemann, hat mir der langjährige Leiter seiner Güterverwaltung noch in diesen Tagen gesagt, habe ich als Landwirt viel gelernt und Dinge gelernt, die den Kern der Landwirtschaft treffen. Er hat stets hohe und wirtschaftlich richtige Ziele im Auge gehabt, und er hat sie mit einer seltenen Einsicht in das Verhältnis von Ursache und Wirkung, mit unermüdlicher Geduld und mit stets offener Hand verfolgt und dadurch überraschende Erfolge in der Verbesserung seiner Güter erreicht.“ *

Das Mausoleum

Adolph von Hansemann wurde in Berlin auf dem alten Matthäifriedhof im Familienmausoleum, welches er für seine Eltern errichten lassen hatte, beigesetzt. Dieses pompöse Bauwerk aus dem Jahre 1876 stammt ebenfalls vom Architekten Friedrich Hitzig.

Die sehr aufwendige Grabanlage der Familie Hansemann ist gut erhalten und wurde in den Jahren 1986 und 1999 im Auftrag der Deutschen Bank renoviert. Ein wahrer Prunkbau mit kleiner Parkanlage, in dessen Zentrum der Vater von Adolph, David Hansemann, begraben ruht. Adolph von Hansemann liegt zusammen mit seiner Frau und seinen Kindern im geschlossenen Teil der Grabstätte.

Die männliche Nachkommenschaft der Familie Hansemann stand im weiteren Verlaufe der Geschichte unter keinem guten Stern. Der einzige Sohn Ferdinand war schon frühzeitig mit 40 Jahren verstorben und des-

Das Mausoleum der Familie von Hansemann auf dem Matthäifriedhof in Berlin. Eine prächtige Grabanlage mit Säulen eingerahmt.

sen Sohn Albrecht mit 30 Jahren im Ersten Weltkrieg. So ging der gesamte Fideikommissbesitz zusammen mit dem Schloss Dwasieden vorerst an die Tochter von Ferdinant, Ottilie von Hansemann. Später erbte der Urenkel Gert von Oertzen als 7-jähriges Kind im Jahre 1917 den großen Landbesitz.

Weitere Ereignisse auf Schloss Dwasieden

Am 5. und 6. Juli 1909 wurde die Fährverbindung Sassnitz-Trelleborg feierlich eröffnet. Um sich noch besser in die nun folgende Handlung hineinversetzen zu können, lassen wir zu diesem Teil der Schlossgeschichte Zeitungsauszüge aus der „Berliner Zeitung" vom 6. Juli 1909 von dem Ereignis berichten:
„Um 1.46 Uhr nachmittags traf der nur mit Festteilnehmern besetzte Sonderzug aus Berlin hier ein. Die Herren begaben sich sofort in ihre Quartiere. Gegen 5 Uhr nahte sich von Westen her ein eleganter Dampfer mit zwei gelben Schloten, dessen weißer Körper silbern im Strahl der Sonne erglänzte; ein anderer mit blaugrauem Körper folgte ihm auf dem Fuß. Jener war die Kaiseryacht »Hohenzollern« und trug den Kaiser und sein Gefolge. Die anderen Herren, zu denen sich nun die am Hafen begrüßten schwedischen Gäste gesellt hatten - unter diesen: der Zivilminister Graf Hamilton, Finanzminister Schwartz, der ehemalige Minister, jetzige Oberpräsident Graf Douglas, der Gesandte in Berlin v. Tolle, der Präsident der I. Kammer des Reichstags Lundenberg, der II. Kammer Herr Swarting, der Bischof Billing - bestiegen die bereitgestellten Wagen zur Fahrt durch die festlich geschmückten Straßen nach Schloß Dwasieden, wo zur Vorfeier des morgigen Tages das erste Festmahl stattfinden sollte. Frau von Hansemann hatte die Säle im Erdgeschoß mit der Terrasse ihres herrlichen Sommersitzes der deutschen Regierung freundlich zur Verfügung gestellt; wohingegen der Park für den öffentlichen Verkehr gesperrt war. Im Schlosse fand um 6 Uhr ein Diner zu 110 Gedecken statt. Die Ausführung desselben war dem Königlichen Hoftraiteur Borchardt aus Berlin, welcher mit seinem Stabe von

etwa 30 Personen schon einige Tage vorher dort eingerückt war, übertragen. Die Ausschmückung der Tafel des Schloßes lag in den Händen des in solchen Sachen erfahrenen Schloßverwalters Herrn Heyne.“[13]

Auszüge aus der Speisekarte:

Vorgericht
Assmannshäuser Mousseux (rot)
Suppe nach Christophe Colombe
Gebirgsforellen blau, Montpellier Butter
1906 Berncastler
Englischer Hammelrücken nach Savonarden Art
1905 Château Pontet Canet, grand vin
Timbale von Krebsen, Sauce Gloncester
1904 Liebfrauenmilch Auslese, Originalgewächs Korkbrand
Französische Masthühner am Spieß, Römischer Salat
1900 Château d´ Issan grand vin
Cardi überbacken
Labouré „Vive le roi“
Schwedische Bombe
Chester Croquetten
Früchte
Nachtisch - Café

Die „Berliner Zeitung“ berichtete weiter: „Bald fand sich die ganze große schwedisch-deutsche Gesellschaft in den Vorsälen des oben von Holzgalerien umgebenen Lichthofes zusammen, in welchem die ungemein reich und geschmackvoll mit Blumen in Vasen und Aufsätzen geschmückten Tafeln gedeckt standen. In dem einen Vorsaal, dessen Wände mit braunen Holzgetäfel hoch hinauf bekleidet sind, hängt auch heute noch an der einen Schmalwand eins der kühnsten und genialsten Werke des kühnsten bahnbrechenden so früh verstorbenen Meisters Trutwart Schmitson »Steppenpferde und russische Windhunde über die von der tiefstehenden Sonne seitlich scharf beleuchtete Ebene dahinjagend«, daß ich ihn vor 50 Jahren malen sah. So sah ich es hier damals vor 12 Jahren hängen, als der nun verstorbene Geh. Rat v. Hansemann den deutschen und den schwedischen Ministern und Gesandten in diesem Raum einen Abendempfang bereitete, welche in Saßnitz zusammengekommen waren, um die damals eröffnete erste Dampferverbindung zwischen Rügen und Trelleborg zu feiern und einzuweihen. Bei dem bald beginnenden Festmahl nahm den mittelsten Sitz an der Ehrentafel Minister v. Breitenbach ein, den ihm nächsten zur Rechten der schwedische Minister Graf Hamilton, neben ihm unser Minister des Inneren v. Moltke. Zur linken des Herrn v. Breitenbach ließen sich der schwedische Gesandte v. Trolle, Herr v. Schön, und schwedische Finanzminister v. Schwartz nieder, denen sich an beiden Seiten noch eine lange Reihe deutscher und

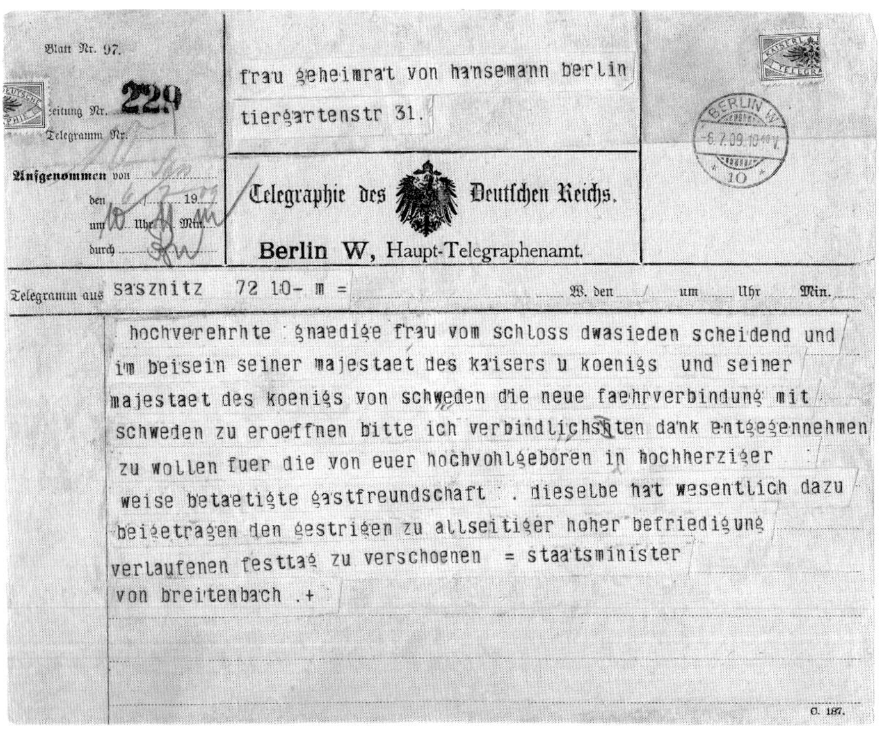
Blatt Nr. 97.
Zeitung Nr. 229
Telegramm Nr.
Aufgenommen von ... den ... 19.. um ... Uhr ... Min. durch ...

frau geheimrat von hansemann berlin
tiergartenstr 31.

Telegraphie des Deutschen Reichs.
Berlin W, Haupt-Telegraphenamt.

Telegramm aus sasznitz 72 10- m = ... W. den ... um ... Uhr ... Min.

hochverehrhte gnaedige frau vom schloss dwasieden scheidend und im beisein seiner majestaet des kaisers u koenigs und seiner majestaet des koenigs von schweden die neue faehrverbindung mit schweden zu eroeffnen bitte ich verbindlichsten dank entgegennehmen zu wollen fuer die von euer hochvohlgeboren in hochherziger weise betaetigte gastfreundschaft . dieselbe hat wesentlich dazu beigetragen den gestrigen zu allseitiger hoher befriedigung verlaufenen festtag zu verschoenen = staatsminister von breitenbach .+

C. 187.

Bild links: Ein Telegramm-Dankschreiben von Staatsminister von Breitenbach nach Berlin an Ottilie von Hansemann.

Bild rechts: Der früh verstorbene und einzige Sohn Adolph Hansemanns: Ferdinand von Hansemann, hier stehend auf einem der Pavillons vom Schloss Dwasieden. Er wurde nur 39 Jahre alt.

schwedischer Herren anschloß, während sich an den rechtwinklig gegen diese Tafel stehenden Tischen die andere Gesellschaft verteilte. Auf der vor dem Saal gelegenen offenen Terrasse saßen die Musiker der Binzer Kurkapelle, welche ihre Weisen während der Tafelsitzung diskret erklingen ließen. Nach dem Diner, während welchem Telegraphenboten zwischen Saßnitz und Dwasieden fortgesetzt unterwegs waren und nachdem der Kaffee in den Nebensälen eingenommen war, wurde um 8 Uhr mittels 20 Landauer, welche von dem Spediteur Radvan gestellt wurden, die Fahrt von der Hinterfront des Schlosses zum Hafen angetreten."[14] So endete also der erste Feiertag der Fährverbindungseröffnung. Die festliche Veranstaltung im Schloss Dwasieden war ein rundum gelungenes Erlebnis, wie das ehrfurchtsvolle Telegramm des Staatsministers von Breitenbach beweist.
Am nächsten Morgen standen wieder Wagen mit deutsch und schwedisch geschmückten Fähnchen vor dem Schloss bereit, um die deutschen Herren und die schwedischen Gäste zum Hafen zu bringen. Hier begann nach vielen Zeremonien die eigentliche Eröffnung der Fährverbindung. Der schwedische König war mit preußischer Generaluniform und der deutsche Kaiser mit schwedischer Uniform gekleidet – zum Zeichen gegenseitigen Einvernehmens. Minister von Breitenbach hielt seine Ansprache vor den beiden Herrschaften, welche mit keiner Gegenrede erwidert wurde. Danach gab es noch ein üppiges Kaiserfrühstück auf dem Dampfer „Hohenzollern".

Hügelgräber im Park

Das „Rügensche Kreis- und Anzeigeblatt" vom 6. Juli 1910 bemerkt: „In neuester Zeit ist wieder eine Anzahl größerer Hügelgräber dicht bei Saßnitz auf den zu Schloß Dwasieden gehörigen Ländereien überpflügt und eingeackert, ihrer Größe wegen glücklich aber noch nicht eingeebnet und abgetragen worden. Es ist zu hoffen, daß die Schloßherrin von Dwasieden, welche während ihrer Abwesenheit wahrscheinlich keine Kenntnis von solcher Behandlung der heidnischen Kulturstätten ihrer Besitzungen gehabt hat, die in ihrem Bestande und im inneren Aufbau bisher noch unversehrt gebliebenen Hügelgräber wiederherstellen lassen und dauernd erhalten wird."[15]
Kommentar des Bodendenkmalpflegers Detlef Stübe im Entstehungsjahr dieses Buches: „Im Jahre 2000 habe ich mit meiner ABM-Truppe diese Arbeiten endlich durchgeführt – 16 Hünengräber und ein Großsteingrab."

Ein erneuter Verlust

Am 17. Januar 1917 verstarb nun auch der einzige Enkel Albrecht von Hansemann an einer Kriegsverwundung vor Vollendung des 30. Lebensjahres. Die Familie Hansemann starb somit im Mannesstamm aus. Durch Erbfolge ging der gesamte Besitz an den gerade erst siebenjährigen Enkel, Gert Kuno Albrecht von Oertzen, welcher für die kommenden Aufgaben erzogen wurde. Durch die Verwaltung vor Ort und den Schlossverwalter Carl Heyne erfolgte die Bewirtschaftung des Schlosses.

Hochzeit von Benvenuto Hauptmann

Am 31. Juli 1928 und dem Folgetag fand eine nicht alltägliche Hochzeitsveranstaltung in Sassnitz statt. Dr. Benvenuto Hauptmann, der 28 Jahre alte Sohn von Gerhart Hauptmann, ließ sich mit der Prinzessin Elisabeth Hermine Auguste Viktoria von Schaumburg-Lippe um zwei Uhr im Sassnitzer Standesamt trauen. Sie war die am 31. Mai 1908 auf Schloss Bückeburg geborene Tochter des Fürsten Stephan Albrecht Georg zu Schaumburg-Lippe. Die Trauzeugen waren Gerhart Hauptmann und der Regierungspräsident Dr. Hausmann aus Stralsund. Die Trauung selbst vollzog Gemeindevorsteher Kruse aus Sassnitz.
Gerhart Hauptmann hatte sich in diesem Sommer das Schloss Dwasieden für den Juli und August gemietet. Da er sich nicht rechtzeitig um sein gewohntes Quartier „Haus Seedorn“ in Kloster auf Hiddensee bemüht hatte, welches dadurch anderwärtig vermietet wurde, nahm er die Möglichkeit wahr, Schloss Dwasieden als Ausweichquartier zu nutzen. Wie einem Bericht zu entnehmen ist, fühlte er sich über einen längeren Zeitraum auf dem Schloss unwohl. Es fehlte ihm seine gewohnte Umgebung auf seinem so geliebten Hiddensee. So klagte er Pastor Arnold Gustavs sein Unbehagen: „Immer nur die hohen Bäume um sich her. Nur ein schmaler Durchblick zur See. Sehen Sie, da liegt gerade in der Mitte des Durchblicks eine Boje. Mal liegt die Boje nach links, mal nach rechts, je nach Windrichtung.“ [16] Ja, so ging es Gerhart Hauptmann auf Dwasieden. Aber die Hochzeitsfeier wurde mit viel Freude und sehr großem Aufwand von ihm initiiert. Wie es heißt, hat sich Gerhart Hauptmann die Feier „eine Stange Gold kosten lassen.“
Nach der standesamtlichen Trauung wurde am nächsten Tag auf Schloss Dwasieden herrlich gefeiert. Schon Wochen vorher wurden hier umfangreiche Vorbereitungen für diesen Anlass und die Unterbringung der zu erwartenden Gäste getroffen. Die Säulenhalle wurde zu diesem Zwecke reichlich geschmückt. Zur offenen Seeseite wurden rechts und links dicht aneinander gereihte Tannenbäume aufgestellt, so dass man den Eindruck von geschlossenen Räumen hatte. Um 1 Uhr fand hier die kirchliche Trauung des Paares statt, an der 40 Personen teilnahmen. Das „Acht Uhr Abendblatt“ aus Berlin schrieb am 1. August dazu:

„Die Hochzeit auf Dwasieden
Gerhart Hauptmanns Sohn heiratet.
Telegraphischer Bericht. Saßnitz, 1. August

Als Gerhart Hauptmann in diesem Frühjahr seiner Liebe zu Hiddensee untreu wurde und zu seinem Sommeraufenthalt das alte schöne Schloß Dwasieden bei

Bild links: Das frisch vermählte Ehepaar auf der Schlosstreppe Dwasieden. Hinter ihnen steht Gerhart Hauptmann zusammen mit der Fürstin von Schaumburg-Lippe.

Bild rechts: Gerhart Hauptmann reicht einem Förster namens Hans Paul auf dem Schlossvorplatz die Hand.

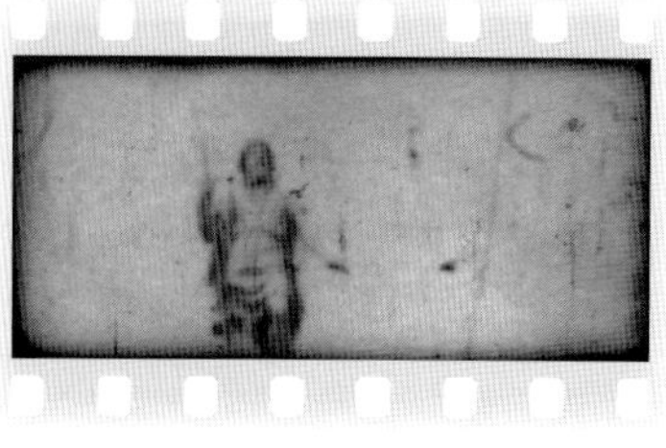

Saßnitz auf Rügen erwählte, ahnte er nicht, daß dieses Schloß am Meer ein großes Erlebnis in der Geschichte seines Hauses bedeuten werde. Der einzige Sohn aus seiner Ehe mit Margarete Hauptmann, der junge, liebenswürdige, gertenschlanke Benvenuto, vermählte sich am 1. August mit Prinzessin Elisabeth Hermine Auguste Victoria zu Schaumburg-Lippe. Nachdem sich das junge Paar vor wenigen Monaten in Bad Gilsen kennen und lieben lernte, war in kurzer Zeit die Ehe beschlossen. Schloß Dwasieden, einstmals von dem Finanzminister von Hansemann erbaut, liegt in einem 400 Morgen großen Park, dessen alter Buchenbestand Hünengräber beschattet. Die Stille dieses herrlichen Ruhesitzes belebt die Schar der Gäste, herbeigeströmt, das Glück des jungen Paares zu feiern. Zu standesamtlichen Trauzeugen sind der Bruder der Braut, der einstmals regierende Fürst Adolf zu Schaumburg-Lippe, und der Regierungspräsident von Stralsund, Dr. Hausmann, erwählt. Das Schloß prangt in herrlichem Blütenschmuck. Ein Saal ist zu einer Kapelle stimmungsvoll gestaltet. Die Trauung leitet das Lieblingslied der jungen Braut: »So nimm denn meine Hände...« von Frau Dr. Hausmann gesungen ein. Ein Freund Gerhart Hauptmanns, Pastor Gustavs von Hiddensee, vollzieht den Trauakt. Er kannte Benvenuto schon als Kind und findet schlichte, innige, zu Herzen gehende Worte und spricht wie ein guter treuer Führer zu dem jungen Paar. Prinzessin Elisabeth sieht in ihrem weißen Kleide, über das ein Spitzenschleier wallt, bezaubernd aus. Den Schleier, ein Erbstück, der schon viele Bräute vorangegangener Generationen schmückte, halten seitlich kleine Myrtensträuße. Die lange Perlkette belebt das schlichte Kleid der liebreizenden zwanzigjährigen Braut, die in ihren Händen einen Strauß weißer Lilien aus dem Park von Dwasieden hält. In dem Frack, der die schlanke Erscheinung des Bräutigams wunderbar zur Geltung brachte, leuchtet eine große weiße Nelke. An der Seite des Brautpaares stehen Gerhart Hauptmann mit seiner Gattin und Fürst und Fürstin Adolf zu Schaumburg-Lippe. Als die Ringe gewechselt und wiederum Musik erklingt, kann der große Dichter sich kaum der Rührung erwehren. Nachdem die Gratulationscour vorüber, nehmen die Gäste an der herrlich geschmückten Tafel im großen Saal des Schlosses Platz. Gerhart Hauptmann führt die Fürstin Adolf zu Schaumburg-Lippe, während der Fürst Frau Margarete Hauptmann zu Tisch führt. Margarete Hauptmann trägt über einem weißen Seidenkleid ein weinrotes Samtcape. Dr. Gerhart Hauptmann begrüßte das Fürstenpaar sowie die übrigen Gäste und findet Worte inniger Herzlichkeit. Ehrfurchtsvolles Schweigen folgt seiner Rede, bis Fürst Adolf zu Schaumburg-Lippe dankt und der Freude Ausdruck gab, seine junge

Schwester in engster Verbindung mit dem deutschen Geistesadel zu wissen. Noch manch kluges Wort wird an dieser Tafel gesprochen, an der man den Regierungspräsidenten von Stralsund, Dr. Hausmann mit Gattin, Siegfried von Kardorff, M. d. R., und Kathinka von Kardorff-Oheimb, den Grafen Coudenhove, Graf Henckel, Geheimrat Ludwig von Hofmann, Björn Björnson, Eugen d´Albert, Victor Hahn, den treuen Verleger Gerhart Hauptmanns G. Fischer, mit Gattin, Tochter und Schwiegersohn, die Söhne Gerhart Hauptmanns aus erster Ehe, eine Freundin der Braut, Fräulein von Hinüber, Dr. Hanns Schulze und Frau Ola Alfen, Hermann Stehr, Wilhelm Bölsche und viele andere bemerkte. Nach dem Diner tanzen Mönchsguter Fischer vor dem Schloß. Als eine Jazzband aufspielt und das junge Paar den Tanz eröffnete, verschwand es bald, um mit dem Hochzeitsgeschenk Gerhart Hauptmanns, einem Buick-Wagen, den Benvenuto Hauptmann selbst steuerte, die Hochzeitsreise anzutreten.“ [17]

Die oben genannten Mönchguter Fischer in ihren alten malerischen Trachten führten das Stück „Schüttel de Büx“ vor, das solch guten Anklang fand, dass dieses wiederholt werden musste.

Das Hochzeitsmahl in Speisenfolge:

Kaviar auf Eisblock
Doppelte Kraftbrühe, geeist
Seezungenschnitte mit frischen Krebsschwänzen
Rehrücken auf Prinzessinnenart
Gorbet Chateau d' Yquem
Getrüffeltes Masthuhn mit frischem Salat
Hummer amerikanisch
Pfirsich Alexander
Käse-Auflauf
Mokka

Dieses Essen hatte der Besitzer des „Preußischen Hofes“ in Greifswald und Pächter der dortigen Stadthalle, Herr Johannes Karsten, ehemaliger Leibkoch des Königs von Griechenland, geliefert und leitete es mit Hilfe von drei Köchen persönlich.

Nach dem Mokka gab es noch eine einstündige Unterhaltung unter den Hochzeitsgästen in fröhlicher Runde. Am Abend des Hochzeitstages waren noch sehr viele Badegäste und fast alle Einwohner von Lancken auf Dwasieden erschienen, um dem Brautpaar und Gerhart Hauptmann Ehrungen und Beifall

zu schenken. Diese wurden alle bewirtet und durften auch am Tanz im Freien teilnehmen. Das Hochzeitsfest endete somit in einem wirklichen Volksfest. Ein anschließender Fackelzug des Reichsbanners hat auf Anordnung des Oberpräsidenten leider nicht mehr stattgefunden. Aber dafür wurde der gelungene Tag mit einem „Brillant-Feuerwerk" unter der Obhut des Schlossverwalters Carl Heyne, welches er selber zusammengestellt hatte, beendet. Dieses fand auch ungeteilten Beifall und Jubel bei allen Anwesenden.
Nun, die Ehe von Benvenuto Hauptmann und Luise von Schaumburg-Lippe währte nur drei Monate. Sie wurde am 13. November vor dem Landgericht Berlin für nichtig erklärt. Als Grund gab Benvenuto Hauptmann „anormale Veranlagungen der Ehefrau" an. Schon seine letzte Ehe mit einer Engländerin ging nach nur kurzer Dauer auseinander. Sein Vater Gerhart Hauptmann war sehr betrübt über dieses Ereigniss. Aus dieser Stimmung heraus schrieb er den Theaterroman „Im Wirbel der Berufung", welcher als Buch veröffentlicht wurde.

Verkaufspläne des Schlosses

Im gleichen Jahr. Der finanzielle Druck auf die Familie von Oertzen wurde immer stärker. Durch die Inflation konnten die Bewirtschafter und das Schloss nicht mehr gehalten werden. Das Schloss, die gesamte Fideikommissherrschaft, sollte wegen diesen Zwangsumständen vermietet oder später sogar verkauft werden. So wurde es unter anderem der Gemeinde Sassnitz mitsamt dem 400 Morgen großen und wildreichen Park zur Einrichtung eines Kurhauses, Sanatoriums oder ähnlichem angeboten. Die Gemeinde musste aber wegen der großen Pachtsumme und der für die nötige Einrichtung erforderlichen Mittel auf dieses Angebot verzichten. In der „Akte Gemeinde Saßnitz 504-00-01b" wurde das gesamte Gut Lancken aufgelistet (etwa im September 1928). Einige Auszüge aus dieser:

„Aufstellung Gut Lancken
Gesamtgröße 1800 Morgen, davon 1340 Acker, 120 Wiesen, 340 Weiden, Herrenhaus, Wirtschaftshaus, Pferdestall mit Speicher und Heuboden, Kuhstall, Schweinestall, 2 Hofscheunen, Düngerschuppen, Maschinenschuppen, 1 große Feldscheune, 3 4-Familienhäuser, 1 Schnitterkaserne.
Die Gebäude sind in sehr gutem baulichen Zustand
Belastung: 433000 RMk einer Hypothekenbank
Preis: 700000 RMk
Anzahlungsforderung: 300000 RMk
Mit angeboten: Schloß, inmitten von 400 Morgen Laubwald (20 - 120 jähr. Buchen- und Eichenbestände, sehr gepflegt). Schloß: massiv unter Hartdach, 22 Herrschaftszimmer, Zentralheizung
Preisforderung: 1,2 Mio RMk.
Dazu 1 Kastellanhaus, massiv, Hartdach, 2 Pförtnerhäuser, massiv, Hartdach (eines von einem Förster, das andere von einer Försterwitwe bewohnt), insgesamt also Angebot von Stockenschneider:
Hauptgut 1800 Morgen, Preis 700000 RMk
Schloß + Wald 400 Morgen, Preis 1.200000 RMk
Bauernhöfe 750 Morgen, 225000 RMk
2950 Morgen, 2.125000 RMk".[18]

Als Käufer wurde zu dieser Zeit auch noch ein großer Stettiner Industrie-Konzern genannt, der Kaufpreis wurde mit sieben Millionen Mark beziffert. Der Kauf kam nicht zu stande. Und aus der Chronik der Schule zu Lancken geht hervor, dass im Oktober 1929 versucht wurde, das Gut an die Siedlung selbst zu verkaufen. Als Kaufpreis wurden 180 Mark pro Morgen geboten. Der Besitzer hätte noch ca. 140000 Mark hinzugeben müssen, um damit alle Schulden zu tilgen. Auch dieser Verkauf kam nicht zustande.

Schloß Dwasieden[19]

bei Saßnitz auf der Insel Rügen, herrlich auf hohem Waldufer an der Ostsee gelegen, 1872—75 von Hitzig aus Sandstein erbaut mit 500 Morgen großem Park, ca. 18 bewohnbaren Zimmern, 2 Sälen, Marstall und Wagenremise, sowie Terrassen mit freiem Ausblick auf die Ostsee

soll vermietet werden

mit Benutzung der gesamten wertvollen Einrichtung (außer Wäsche). Mietspreis 110 000 Mark jährlich. Auskunft erteilt **zunächst Schloßverwalter Heyne, Schloß Dwasieden** bei Saßnitz, Post Lancken-J., welcher auch gegen Einsendung von 50 Mark (Postscheckkonto Stettin 1175) Pläne, Ansichten usw. versendet.

Bild links: Forstleute bewirtschaften den Waldbestand von Dwasieden. Dieses Foto entstand kurz vor dem Ersten Weltkrieg.

Buch „Adolph von Hansemann"

Der Drei-Masken-Verlag brachte im Jahre 1932 das Buch: „Adolph von Hansemann" heraus. Der Verfasser war Hermann Münch. Münch heiratete Ilse von Hansemann, eine Großtochter von Adolph von Hansemann. Er war der Rechtsberater der Familie und selbst häufig zusammen mit seiner Familie Gast auf Schloss Dwasieden.

In der Einleitung heißt es: „Entstanden während eines Ferienaufenthaltes unter dem Buchengrün von Dwasieden, dem Lieblingsaufenthalte Adolph von Hansemanns, ging der Plan dieses Buches ursprünglich dahin, Verlauf und Inhalt dieses bedeutenden Lebens für die ganze Familie aufzuzeichnen. Freunde und Mitarbeiter Hansemanns, mit welchen ich zwecks Beschaffung von Material sprach und denen ich Teile meiner Arbeit vorlegte, regten an, sie auch der weiteren Öffentlichkeit zugänglich zu machen. Die Benutzung des Familienarchivs in Schloss Dwasieden ermöglichte die Mitteilung mancher, bisher unbekannter Tatsachen von allgemeinem Interesse; insbesondere dürfte der Briefwechsel zwischen zwei so bedeutenden Männern, wie David und Adolph Hansemann der Veröffentlichung wert sein."

Die „Berliner Zeitung" schrieb zu diesem Buch am 23. März 1932 folgenden Kommentar: „Das Buch Münchs schildert in frischer, temperamentvoller Weise das Lebenswerk Adolph von Hansemanns, beginnend mit den ersten Anfängen seiner Arbeit in der von seinem Vater, David Hansemann, gegründeten und von ihm selbst zum Weltinstitut entwickelten Disconto-Gesellschaft."[20] Wer also noch mehr über die Familie Hansemann und die Leistungen von David Hansemann erfahren möchte, dem sei dieses Buch wärmstens empfohlen.

Peter Münch, der Sohn des Autors verbrachte die ersten sechs Sommer seines Lebens (1930 bis 1936) in Dwasieden. Er erinnert sich noch sehr gut daran, dass er zusammen mit anderen Kindern auf den Bronzerehen vor dem Schloss „geritten" ist. „Dabei musste nur aufgepaßt werden, dass im Sommer die Sonne das Metall nicht schon so sehr erhitzt hatte, dass man sich die Beine verbrannte!", so Münch.

Wirtschaftliche Lage ab 1933

Zur wirtschaftlichen Lage von Oertzen belegt ein Schreiben der Verwaltung des Lanckener Kreidewerkes an den Gemeindevorstand vom 7. Oktober 1933, dass sich der gesamte Besitz in einem Sicherungsverfahren befand. Als Treuhänder wurde Herr Direktor H. Brandenburg in Stralsund ernannt. In einer schriftlichen Mitteilung für Ortshilfe an den Bürgermeister Malsfey vom 2. Dezember 1933 steht geschrieben: „Der Verlauf des Verfahrens ist so gedacht, daß dem Besitzer bei seiner Umschuldung die Abgabe einer größeren Fläche zur Auflage gemacht wird."[21] So kam es am 7. Juni 1934 zu einem Kaufvertrag zwischen Gert Kuno Albrecht von Oertzen und der Deutschen Ansiedlerbank in Berlin. Nach dem Reichssiedlungsgesetz vom 11. August 1919 sollten in der Provinz Pommern zur Schaffung neuer Ansiedlungen oder zur Hebung bestehender Kleinbetriebe Grundstücke erworben werden. Dieses war eine Verfügung des Landeskulturamtspräsidenten in Frankfurt an der Oder.

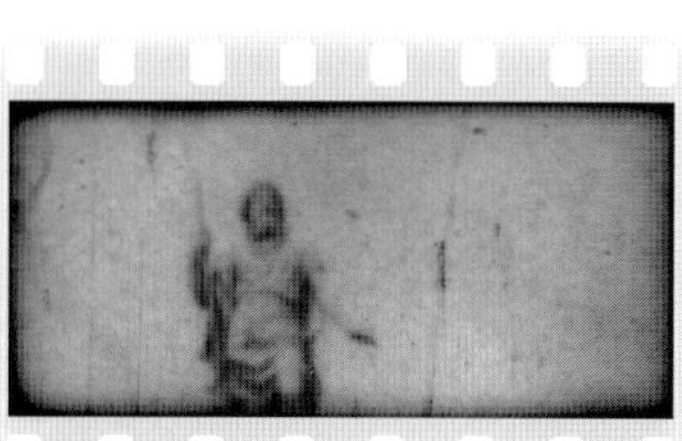

So wurden in Verbindung mit dem Umschuldungsverfahren Teile des Rittergutes Lancken zu Siedlungszwecken verkauft. Der Kaufpreis betrug 350 Reichsmark je Hektar, ein Preis, um den erst viel verhandelt werden musste. So ließ Oertzen von seiner Verwaltung einen Brief verfassen, der wie folgt lautete: „In Bestätigung Ihrer werten Anfrage an die Gutsverwaltung Lancken, teile ich mit, dass ein Verkauf von Land an die Gemeinde Sassnitz von Seiten der Herrschaft Lancken während des Sicherungsverfahrens auf Schwierigkeiten stösst, da ausser dem Treuhänder und der Landstelle auch die Gläubiger die Genehmigung zum Verkauf geben müssen. Um die Gemeinde beim Arbeitsbeschaffungsgesetz der Reichsregierung auf jeden Fall zu unterstützen, werde ich alles in Bewegung setzen, um die Genehmigung zu erhalten. Der Preis für den qm Land würde 20 M betragen.“ [22] Das entsprach einem Wert von 500 RM pro ha. Der Gemeindevorsteher erwiderte: „Wir bitten, auf die Gemeinnützigkeit Rücksicht zu nehmen und den von uns gebotenen Preis anzunehmen.“ Oertzen fügte sich und es erfolgte die Übergabe für 12 M pro qm am 1. Dezember 1934. Von diesem Tage an gingen alle öffentlichen Lasten, insbesondere auch die Steuern und Abgaben anteilig der Größe der verkauften Flächen an die Käufer über.

Wenig später kamen auch schon die ersten Siedler. Ein Schreiben vom 20. Dezember 1934 vom Bürgermeister Sassnitz an den Landrat Bergen: „Von den in Lancken wohnenden 32 Familien werden 14 durch die Deutsche Ansiedlungsbank angesiedelt. Die verbleibenden 18 Familien sind dem Lanckener Kreidewerk Gert von Oertzen zugewiesen und werden dort als Kreidearbeiter beschäftigt und es sind inzwischen noch 2 Familien hinzugezogen, die ebenfalls im Kreidewerk Beschäftigung finden.“ [23]

Deutsch-Schwedische Kunstausstellung

Diese Ausstellung beginnen wir mit einem Auszug aus der „Berliner Börsenzeitung“ vom 21. Juli 1934: „Der Fremde, der auf dem Seewege nach Saßnitz kommt, sieht von See aus schon ein stolzes Schloß versteckt im Buchenwald liegen. Es ist Dwasieden, ein Schloß, das sich der Finanzmann von Hansemann in den 70er Jahren erbaute. In diesem Jahr ist Schloß und Park zum ersten Male der Oeffentlichkeit freigegeben worden, als man am 5. Juli eine große Deutsch-Schwedische Kunstausstellung in seinen Räumen eröffnete.“ [24] Diese Ausstellung fand vom 5. bis zum 20. Juli 1934 statt. Die Schirmherren waren seine Königliche Hoheit der Kronprinz von Schweden und der Herzog von Schonen. Veranstaltet wurde das Ereignis vom Kreisausschuß des Kreises Rügen. In allen Räumen der unteren Etage wurden Bilder und Gemälde zur Schau gestellt. So waren zum Beispiel Bilder des berühmten

Bild links: Gert von Oertzen, letzter Schlossbesitzer. Aufgenommen im 20. Lebensjahr in Jagdkleidung vor Schloss Dwasieden.

Bild rechts: Der begleitende Katalog zur Deutsch-Schwedischen Kunstausstellung im Schloss Dwasieden mit zahlreichen Abbildungen einiger Ausstellungsobjekte.

Malers Franz Radziwill zu sehen. Ein Galeriecafé wurde begleitend zur Ausstellung extra im Schloss hergerichtet. So hatten die Besucher die Möglichkeit, bei einem Kaffee im großen Hauptsaal die Ausstellung und in der Säulenhalle den wunderschönen Ausblick auf die Ostsee zu genießen.

Der Schlossverkauf

Angeregt durch die Kunstausstellung wollte im Jahre 1934 der Kaufmann Brüggemann aus Hamburg das Schloss Dwasieden käuflich erwerben. Seine Absicht war es, aus dem Schloss und dem dazugehörigen Park ein „Nordisches Kunstzentrum" mit internationaler Bedeutung zu machen. Aber es stellte sich bald heraus, dass dieser Herr zu wenige finanzielle Mittel für ein solches Vorhaben besaß.
Anfang 1935 interessierte sich eine Familie Specht von der Firma Anders & Co. für das Schloss und wollte dieses in ein Spielkasino verwandeln. Die Finanzierung war mit ausländischem Kapital angedacht. Dieses Projekt wurde vom damaligen Regierungspräsidenten in Pommern befürwortet. Das Konsortium zur Errichtung der Spielbank war sich schon darüber im Klaren, dass ein Ausbau der Zufahrtsstraßen, der Strandfronten, Promenadenwege und der Anlegebrücken erforderlich gewesen wäre. Ein großer Etat für die Fremdenwerbung war in Aussicht gestellt. Er sollte nicht nur Sassnitz und Rügen zugute kommen, sondern auch dem Eisenbahn- und Automobilverkehr. Weiterhin plante man in diesem Zusammenhang den Bau eines Flughafenlandeplatzes und einen Turnierplatz für sportliche Veranstaltungen. Aber auch diese Vorhaben konnten nicht realisiert werden. Am 29. März 1935 gab es einen Bescheid des Innenministeriums, dass die „... Zulassung einer Spielbank in Sassnitz nicht in Betracht kommen kann, weil die Voraussetzungen des Gesetzes über die Zulassung öffentlicher Spielbanken vom 14. Juli 1933 nicht erfüllt sind."[25] So verlangte dieses Gesetz unter anderem, dass statistisch in den Jahren 1924 bis 1930 eine durchschnittliche Gästezahl von jährlich mindestens 70.000 Besuchern in einem Badeort diese Voraussetzung erfüllen würde. Das war in Sassnitz nicht gewährleistet. Auch sah das Gesetz voraus, dass in der Nähe eine ausländische Spielbank liegen musste.
Im Frühjahr 1935 schaltete sich die Gemeinde selbst ein. Sie wollte jetzt das Schloss kaufen, um selbst zunächst eine Spielbank einzurichten und es später zu einem Kreideheilbad umzugestalten. Das war allerdings nur ein Vorwand für die nun folgende Aktion: Am 14. Mai 1935 erwarb die Gemeinde das Schloss Dwasieden mit seinem 400 Morgen großen Park von Gert von Oertzen. Wovon Oertzen nichts wusste: Die Gemeinde war vorher im Geheimen mit der Marine-Intendantur Kiel in Kontakt getreten und hatte dieser praktisch schon alle Rechte an das Schloss abgetreten! Oertzen verkaufte für nur 200.000 RM unter dem Wert und zu sehr günstigen Konditionen. In dieser Summe waren schon 180.000 RM zur Ab-

Bild links: Nach einem Stahlstich nachcoloriertes Bild von der Hinterfront des Schlosses.

Bild rechts: Die gesamte 13. Schiffsstammabteilung 1941 aufgereiht vor dem Schloss Dwasieden.

deckung seiner Hypothekenschulden auf seine Fideikommißgrundstücke enthalten. Die Gemeinde war offensichtlich so sehr an einer Marinegarnison interessiert, dass sie dafür auf der Stelle bereit gewesen war, das Schloss für nur 175.000 RM an die Marine weiter zu verkaufen. Familie Oertzen hatte von diesem „Durchreichen" an die Marine nicht die leiseste Ahnung und wurde somit aufs Äußerste hintergangen. Der Bürgermeister von Sassnitz, Herr Hans Malsfey, war zur strengen Geheimhaltung dieses Kaufvorganges dem Militär gegenüber verpflichtet gewesen, weswegen er sich auch bei Gert von Oertzen persönlich entschuldigte.

Im guten Glauben, das Schloss für den Kurbetrieb in Sassnitz zu verkaufen und somit zum wirtschaftlichen Aufschwung des Ortes beizutragen, hatte Oertzen den Verkaufspreis extra so niedrig gehalten. Hätte Oertzen gewusst, für welchen Zweck das Schloss zu diesem Tiefpreis erworben werden sollte, wäre es nicht zu diesem Vertrag gekommen und die Schlossgeschichte hätte sicherlich einen anderen Verlauf genommen – vielleicht einen besseren...

Die Marinezeit

Die offizielle Übergabe an die Marine erfolgte am 4. Oktober 1935. Das Gelände war äußerst günstig für deren Zwecke. So wurde im Winter 1935/36 eine Entfernungsmessschule in Dwasieden eingerichtet, eine Unterabteilung der Schiffsartillerieschule in Kiel. Die Hauptaufgabe dieser Schule bestand darin, den Soldaten, die an Bord und an Land mit Artilleriewaffen zu tun hatten, durch Ausbildung und Übung an optischen Kriegsgeräten auch unter schwierigsten Bedingungen die richtige Entfernungseinstellung zu vermitteln. Dafür sorgten ein Ausbildungsoffizier und das Fachpersonal mit den dazugehörigen Offizieren. So konnten die Einwohner von Sassnitz die Nachtübungen mit Scheinwerfern und Leuchtgranaten über Dwasieden verfolgen. Das Schloss und der Marstall boten Quartiere für die Offiziere und Unteroffiziere.

Am 26. März 1936 wurde der Einzug der Marine-Garnison in Dwasieden gefeiert. Dies war die offizielle Eröffnung der Entfernungsmessschule. Die ganze

Stadt war festlich geschmückt und fast die gesamten Einwohner von Sassnitz nahmen an diesem Einzug teil und jubelten den „blauen Jungs“ zu, Mädchen schmückten Truppenmitglieder mit Blumen. Dwasieden gehörte die Hauptaufmerksamkeit der Besucher. Eröffnet wurde die Feier mit einer Frontabschreitung der Truppen und der mit ihren Fahnen angetretenen Abordnungen durch den kommandierenden Admiral. Gespielt wurde der Präsidentenmarsch von der Schiffsstammabteilung der Ostsee aus Stralsund. Danach hielt der Kapitän zur See Straßmann seine Begrüßungsansprache, in der er den Bürgermeister Malsfey hoch lobte, da er sich durch die erfolgreichen Bemühungen um den Standort Dwasieden große Verdienste erworben hatte. Nur durch seine Mitbemühungen und die Einhaltung der Schweigepflicht war es der Marine möglich gewesen, dieses Gelände unrechtmäßig günstig zu erwerben. Der Kapitänsleutnant Witting gab den Befehl zum Hissen der Kriegsflagge an der Seeseite des Schlosses und alle Sirenen von Sassnitz wurden dazu angestellt.

Die ersten Kasernen

Die Entfernungsmessschule war die erste Garnison auf Rügen. Die Besatzung bestand zunächst nur aus einer Kompanie, wurde aber in wenigen Monaten vergrößert. Anfänglich waren die Soldaten zunächst noch in primitiven Baracken untergebracht. Aber bald wurden massive Kasernenbauten des Typs A und B in Angriff genommen. So entstand auch schon 1936 die erste hufeisenförmig angelegte Kaserne, welche das Ausbildungs- und Schülerpersonal beherbergte. Das hatte einen freien Blick durch den Buchenbestand über das Meer hinaus. Die in Folge entstandenen Kasernen

Bild oben: Die feierliche Eröffnung der ersten Entfernungsmessschule am 26. März 1936 auf dem Schlossvorplatz.

Bild links: Eine Aufnahme aus dem Jahre 1941. In der Mitte der Kommandeur der 13. Schiffsstammabteilung.

Bild rechts oben: Im Gleichschritt marschieren Soldaten der 13. Schiffsstammabteilung durch Dwasieden.

Bild rechts unten: Eine von der Marine veranstaltete Festlichkeit mit einer Kapelle im Schlosshauptsaal.

waren zu dieser Zeit die letztgebauten und modernsten Kasernen in Deutschland. In Dwasieden begannen weiterhin die Bauarbeiten für ein Stabs-, Wirtschafts- und Verwaltungsgebäude, ein Heizwerk und eine Exerzierhalle. Das Schloss wurde Offizierskasino. Auch Privatwohnungen für verheiratete Soldaten wurden errichtet, welche in der Marinesiedlung, nicht weit von Dwasieden, entstanden. 1937 waren es 48 an der Zahl.
Die 4. Schiffsstamm-Division hielt am 2. September 1937 in Dwasieden Einzug. Auch dieser Tag wurde als Marinefesttag gefeiert. Bürgermeister Malsfey überreichte dem bisherigen Standortältesten, Kapitänsleutnant Wittig, als Andenken an die gute Zusammenarbeit zwischen dem Standort und der Gemeinde Sassnitz ein coloriertes Bild von Stubbenkammer.
Im gleichen Jahr im November wurde ein Richtfest für das Stabsgebäude der Garnison im Stützpunkt gefeiert. Über 300 Personen marschierten mit der Richtkrone und Musik in Dwasieden ein. Der Leiter der

Marine-Bauabteilung hieß die Arbeitskameraden herzlich Willkommen und es gab den „Richtschmaus“ für die Bauarbeiter. Ein Auszug aus der „Rügenschen Post“ vom 20./21. November 1937: „In seinem Richtspruch gelobte der Polier, daß alle Beteiligten rastlos weiter arbeiten würden, bis auch das letzte Gebäude unter Dach und Fach sei.“[26]
Die erste Rekrutenvereidigung fand am 8. Dezember 1937 in der neuen Marinegarnison im großen Exer-

zierschuppen in Dwasieden statt. Dieser Veranstaltung wohnten zahlreiche Vertreter der Partei, angeschlossene Organisationen, Behörden, Wehrvereine und Vertreter der Schulungsburg als Gäste bei.

„Schönste Marine-Garnison"

In einer Beilage zur „Rügenschen Post" am 19. Juli 1938 wird die Marine-Garnison in den höchsten Tönen gelobt: „Saßnitz auf Rügen gilt als Deutschlands schönste Marine-Garnison, die erst seit etwa einem Jahr besteht."[27] So wurde über die modernen Kasernen, Wohnungen und Anlagen bis hin zum Dienst und der Küche nur gute Worte geschrieben (Auszüge): „Im weiten Park von Dwasieden stehen Kasernen, Wirtschafts- und Fuhrparkgebäude. Dicht in den duftigen Wald ist die stilvolle Villa des Kommandeurs der 13. Schiffsstammabteilung, Korvettenkapitän Foerscher, geduckt." Weiter: „Um fünf Uhr dreißig Minuten beginnt der Tag bis zum Zapfenstreich um einundzwanzig Uhr fünfundvierzig. Wer sich krank fühlt, wird dem Abteilungsarzt im Revier oder Lazarett vorgeführt, das mit den neuzeitlichen Einrichtungen, Operationszimmer, Sterilisierungsanlagen, Röntgen-Apparat ausgestattet ist. Hell, luftig und bequem sind die Stuben, in denen immer acht Mann Unterkunft finden und schnell zu echter Kameradschaft zusammengeschweißt werden."
Im Oktober 1941 wurde zu guter Letzt die Schiffsartillerieschule in Dwasieden stationiert. Zu dieser Zeit waren mindestens 70 Offiziere für die Marineausbildung zuständig, welche sich zusammen im Schloss zu den Mahlzeiten trafen. Ein großer Teil von ihnen war hier auch untergebracht. Der Stützpunkt Dwasieden war in allem eine der modernsten und anspruchvollsten Ausbildungsstätten der Marine-Garnison in ganz Deutschland.

Einzug der Roten Armee

Am 6. März 1945, als die Kapitulation des faschistischen Deutschlands schon längst abzusehen war, gab es einen verheerenden alliierten Luftangriff auf die Stadt Sassnitz. Etwa 900 Menschen kamen dabei auf

Bild links: Der Kommandeur der 13. Schiffsstammabteilung steht an der abgrenzenden Hecke des Schlossvorplatzes. Im Hintergrund der Hafen von Sassnitz.

Bild rechts: Die Säulenhalle wurde sehr oft für Veranstaltungen genutzt. Auch zu Zeiten der Marine.

furchtbarste Weise ums Leben. Am meisten traf es im Hafen die Flüchtlingstransporte aus dem Osten. In Massengräbern wurden die Opfer auf dem Friedhof in Sassnitz und im dazu eingerichteten Dwasiedener Waldfriedhof beigesetzt. Dwasieden und das Schloss blieben bei diesem Angriff weitestgehend unversehrt. Am 4. Mai 1945 um 8 Uhr wurde Rügen kampflos an die 90. Ropschaer Schützendivision der Sowjetarmee übergeben. Bevor die Wehrmachtsmitglieder aus Dwasieden abziehen mussten und in russische Gefangenschaft gingen, sprengten sie noch auf schnellstem Wege einige militärische Objekte und diverse Waffen. Die eingezogenen sowjetischen Truppen begannen mit der Demontage von Teilen der Kasernenanlage und Schlosseinrichtung und mit dem Abtransport von Baustoffen. Auch weitläufige Teile von den Heizanlagen Dwasiedens wurden demontiert und nach Russland transportiert, wo man sie zum Aufbau eines Heizwerkes benutzte. Ab diesem Zeitpunkt erfolgte die unvermeidliche und kontinuierliche Plünderung der Schlosseinrichtung, hauptsächlich durch die russische Besatzungsmacht. Aber auch die umliegende Bevölkerung verschaffte sich Zugang zum Schloss und den Kasernen und entwendete wertvolle Einrichtungsgegenstände. Die weitere Nutzung von Dwasieden blieb vorerst unklar. Aus der Bestandsaufnahme vom 19. November 1945 zum SMAiD-Befehl (Sowjetische Militäradministration in Deutschland) 124 und 126 ist Folgendes bezüglich der weiteren Verwertung der Militäranlagen auf diesem Gelände zu entnehmen: „Auf Grund vorstehender Verfügung des Herrn Landrates des Kreises Rügen werden nachstehende Vermögen der ehemaligen Deutschen Militärbehörden gemeldet:

Das gesamte Grundstück Dwasieden bei Sassnitz, bestehend aus dem ehemaligen Schloss mit Marstallgebäude

- 6 Kasernen (Dächer, Fenster und Türen durch Sprengung beschädigt)
- das Stabsgebäude (beschädigt)
- das Wirtschaftsgebäude (beschädigt)
- das Lagerhaus (beschädigt)
- die Waffenmeisterei (beschädigt)
- das Maschinenhaus mit Fernheizungsanlage (beschädigt)
- das Fahrbereitschaftsgebäude (beschädigt)
- das Standortgebäude (durch Sprengung Dach, Fenster, Türen und Innenwände stark beschädigt)

- das Wachgebäude (durch Sprengung Dach fast vernichtet, Türen, Fenster und Innenwände schwer beschädigt)
- die Exerzierhalle (Dach abgebrannt)
- die Sporthalle (Dach abgebrannt)
- 3 Baracken der ehemaligen E-Messschule
- das Kommandeurhaus (Dach, Innenwände, Fenster und Türen durch Sprengung schwer beschädigt)
- 2 Pförtnerhäuschen.“ [28]

Dwasieden als Flüchtlingslager

Die Flüchtlingszahlen nahmen im Sommer 1945 so dramatisch zu, dass man in Erwägung zog, Dwasieden vorübergehend als Flüchtlingslager zu nutzen. Dazu bemühte sich die Rügener Umsiedlerverwaltung, die Kasernenanlagen von der Besatzungsmacht frei zu bekommen.

Der Wert der einzelnen Objekte in Dwasieden und deren weitere Nutzung wurde in folgender interessanter Liste zusammengestellt (Auszüge):

„Aufstellung von unbeweglichen Werten, die unter die Sequestration nach dem Befehl der Sowjetische Militäradministration in Deutschland (SMAiD) fallen:
Offizierskasino (Schloss), mass. Sandstein, 43 Räume, 4000 cbm
Bebaute Fläche: 400 qm
Wert des Gegenstandes: 110.000 RM
Stallgebäude, mass., 6 Räume, 1 Wohnung, 900 cbm
Bebaute Fläche: 150 qm
Wert des Gegenstandes: 14.000 RM
Kommandeurhaus, mass., 1 Wohnung, 6 Räume, 900 cbm
Bebaute Fläche: 130 qm
Wert des Gegenstandes: 10.000 RM u.s.w.
Vorschlag über die zukünftige Verwendung des Vermögens: Flüchtlingssammelstelle, Quarantäne.“ [29]

Nach langen Verhandlungen gestattete es die SMAiD, den Kasernenkomplex Ende November 1945 vorläufig als Flüchtlings- bzw. Umsiedlungslager zu nutzen. Durch diese Entscheidung wurde der kontinuierlichen Demontage der Gebäude durch die Besatzungstruppen endlich weitestgehend Einhalt geboten und die Kasernen als Umsiedlerlager hergerichtet. Die Zustände waren katastrophal, da das Lager sich zu Anfang noch im Aufbau befand und viele Kasernen schon gesprengt und andere stark beschädigt waren. Weder Betten, noch Matratzen oder Strohsäcke waren vorhanden. Die meisten Flüchtlinge lagen einfach nur auf dem nackten Fußboden. Viele machten sich aus Verzweiflung ein Feuer mitten im Raum, da die Heizungsanlage noch nicht funktionierte und nahmen in Kauf, in der stickigen Luft zu sitzen. Ehemalige Wehrmachtsdecken waren auch nur begrenzt vorhanden. Erst nach Jahresbeginn 1946 wurde die Zentralheizung in Gang gebracht.

Aus einem Bericht vom 1. Januar 1946 ist zu entnehmen, dass selbst der Bezirksbürgermeister die fatalen Zustände in Dwasieden kritisierte: „Es ist durchaus möglich, daß einfache Pritschen hergestellt werden, denn Tischler sind unter den Umsiedlern vorhanden und Holzmaterial ist auch genügend in Dwasieden.“ [30]

Die Lagerleitung wurde angewiesen, sofort mit dem

Die Kasernen von Dwasieden: Zur damaligen Zeit ein beliebtes Fotomotiv für zahlreiche Postkarten.

bauerngehöfte benötigt. Nur sechs Monate später stellte sich Nichtwiedergutmachung heraus: Die Deutsche Wirtschaftskommission und die sowjetische Besatzungsmacht entschieden sich für den Ausbau des Sassnitzer Hafens als Standort für die Hochseefischerei. Somit verschärfte sich die Wohnungsnot in Sassnitz, so dass im Jahre 1950 Wohnungsblöcke für die Fischer gebaut wurden. Diese Entscheidung kam für die Umbaumaßnahmen der Kasernen und den wahrscheinlich damit verbundenen Erhalt des Schloss ein halbes Jahr zu spät.

Weitere Militärnutzungen

Unter dem Einfluß der UdSSR und unbemerkt von der Bevölkerung wurde ein gigantisches Bauprogramm zum Aufbau der Seestreitkräfte vorgelegt. Es griff ein maßloser Rüstungswahnsinn um sich. So sollte auch Dwasieden diesen Zwecken dienen. Im August 1952 rückten 120 Marinepioniere der VP-See in Dwasieden an. In nur kurzer Zeit bis zum Dezember wurde die als Sonderobjekt S 7 getarnte U-Boot-Schule (ULA) errichtet. Der ehemalige Marstall wurde zum Stabsgebäude umgebaut, in dessen Erdgeschoss die Nachrichtenzentrale einzog. Das Obergeschoss diente dem Stab, dem Lehrpersonal und den sowjetischen Beratern. Weiterhin entstanden drei Unterkunfts- und drei Ausbildungsbaracken jeweils für getrennte Nutzung durch die Offiziere, Unteroffiziere und die Mannschaften. Als Wirtschaftsgebäude mit Speisesälen dienten zwei weitere Baracken. In einem gesonderten Steingebäude befanden sich die sanitären Anlagen. Auch für die medizinische Versorgung wurde eine Baracke gebaut. Für den Unterricht wurden Lehrmaterial bereit- und erste Ausbildungspläne aufgestellt.

Nach Fertigstellung der notwendigen Gebäude wurde am 5. Dezember 1952 die geheim gehaltene U-Boot-Lehranstalt eröffnet. Es waren ausnahmslos Freiwillige, die an dieser Ausbildung teilnahmen. Ihr Kommandeur war Fregattenkapitän Heinrich Jordt. Die Ausbildung beinhaltete unter anderem Navigation, Schiffsmaschinenbetrieb, Artillerie, Torpedo und Taktik. Viele Ausbilder in Dwasieden konnten auf U-Boot-Erfahrungen aus der Deutschen Kriegsmarine verweisen. Zugleich nahm auch ein sowjetischer Beraterstab, ebenfalls aus U-Boot-Fahrern bestehend, zur direkten

Bilder links: Wenige Zeit nach der Sprengung. Hier sieht man noch vereinzelte Säulen auf dem Pavillon, welche der Sprengung trotzten.

Bild rechts: Die Demontage der Heizungskessel für die Wärmeversorgung der Kasernen in Dwasieden im Winter 1949/50. Eine selbstgebaute Arbeitsbühne und zwei Flaschenzüge waren die einzigen technischen Hilfsmittel.

Unterstützung der Ausbildung, aber auch zur Vorbereitung eines späteren Seepraktikums seine Tätigkeit auf. Im Park entstanden nebenher Volleyball- und Handballplätze, ein Exerzierplatz sowie ein Schießstand.
Die Schlossruine erfüllte zu dieser Zeit auch noch ihren Zweck. Die erhaltenen Kellergewölbe eigneten sich sehr gut als Arrestanstalt. Die Kellerfenster waren zu dieser Zeit noch vergittert. Einige Zeit später diente der Keller als Garage für private Motorräder der ULA-Angehörigen. Parallel begann man im Sassnitzer Hafen, den Südteil als U-Bootstützpunkt auszubauen. Zu einer Fertigstellung kam es jedoch nicht mehr. Die Lehrteilnehmer haben in Sassnitz nie ein U-Boot zu sehen bekommen. Die U-Boot-Lehranstalt erhielt nach sieben Monaten der Gründung schon wieder ihren Auflösungsbefehl. Am 28. Juli 1953 wurde vom Minister des Inneren die sofortige Auflösung der ULA angeordnet und einige Wochen später gab der Chef der VP-See seinen Lehrgangsteilnehmern die Einstellung des Lehrbetriebes bekannt. Die U-Boot-Lehranstalt hatte zu diesem Zeitpunkt einen Personalbestand von 64 Offizieren, 63 Unterführern, 54 Mannschaften, 53 Offiziersschülern, 149 Unteroffiziersschülern und 280 Mannschaftsschülern. Man hatte in der DDR zu dieser Zeit andere finanzielle Sorgen, als eine weitere kostspielige U-Boot-Anlage zu bauen. Es machte sich eine große Enttäuschung unter den Teilnehmern breit. Sie wurden damit vertröstet, dass man ihnen versprach, bei einer Neuauflage der U-Boot-Planung auf sie als geschultes Personal zurück zu greifen. Aber das U-Boot-Bauprogramm scheiterte im Planungsansatz und kam nicht mehr zur Ausführung.
Aus der ULA wurde über Nacht die Nachrichten-Offizierslehranstalt. Die Pionierkompanie der Volkspolizei-See erhielt Dwasieden als Stammsitz.
Bis zum Jahre 1989 war das ehemalige Schlossgelände Sperrgebiet der NVA, bis 1990 das endgültige Aus für die seit 1935 bestehende Marinegarnison kam. Dwasieden wurde in wenigen Monaten entmilitarisiert.

Zukunftspläne für den Park

Anfang 1993 fand sich ein Würzburger Investor, der beabsichtigte, in Dwasieden Kurkliniken für Allergie- und Rheumakranke sowie ein Feriencenter des „Robinson-Klubs" zu errichten. Grund zum Bau sah er in dem etwa mehrere Millionen Jahre alten Thermalwasser, welches sich in über 1.054 Metern Tiefe in unzählbaren Mengen unter Dwasieden befindet. Ein vorliegendes Gutachten aus dem Analytischen Institut der Prof. Höll & Co. GmbH Bad Elster zeigt auf, dass es sich um ein „außergewöhnliches Heilwasser" handelt, genauer um eine „jod- und fluoridhaltige Natrium-Calcium-Chlorid-Thermalsohle" mit einem sehr hohen Salzgehalt. Aus dem ehemaligen Ostseebad Sassnitz ein Thermalbad entstehen zu lassen, hätte bedeutende Effekte für die Beschäftigungslage vor Ort gehabt. Ein Berliner Architekt sah vor, aus der Schlossruine ein Kur- und Badehaus entstehen zu lassen. In diesem sollten die Schlossreste Verwendung finden. Der Marstall sollte renoviert werden und weiterhin war der

Bilder links: Die Schlossruine Dwasieden im Jahre 1970 zur NVA-Zeit – Lagerplatz für Baumaterial.

Bild rechts: So könnten die Schlossreste nach dem Projekt: „Kurmittelhaus Sassnitz" in Zukunft aussehen.

Bau eines Hotels und der dazugehörigen Einrichtungen geplant. Einer der ersten Gedanken war es, alte Wehrmachtsbunker als Geräteräume für die Aufbereitung des aus der Tiefe geförderten Heilwassers zu nutzen.
Es wurde mit schwerster Bohranlage in Dwasieden angerückt. Nach nur zehn Tagen waren tausend Meter in die Tiefe bewältigt. Die Bohrung zusammen mit dem Fördertest und Nachbehandlungen der Quelle sollten knapp 2,9 Millionen Mark kosten. Nach der geplanten Anerkennung aus Schwerin, von Sassnitz als Kur- und Heilbad, war in Dwasieden eine Gesamtbauzeit von zehn Jahren veranschlagt.
Eine sehr interessante Diplomarbeit wurde in diesem Zusammenhang im Juni 1996 an der Hochschule für bildende Künste in Hamburg von Imke Fieg und Silke Korpor unter der Leitung von Mentor Prof. Bernhard Winking erstellt. Diese Arbeit verdeutlicht, wie man die Schlossruine Dwasieden durchdacht in ein geplantes Kurzentrum integrieren kann:
„Die Lage des Kurzentrums wird durch folgende Punkte beeinflusst:
- Nähe des Kurmittelhauses zur Thermal-Quelle
- Nähe der Kuranlage zur Ostsee
- Kurze, bequeme Wege für den Kurgast
- Guter Anschluß an die Stadt Sassnitz
- Mögliche Einbindung der baulichen Reste des ehemaligen Schlosses
- Erhalt des Buchenwaldbestandes“ [36]

Es kam alles anders als geplant. So zogen sich die Krankenkassen wegen der Gesundheitsreform mit ihren Belegungszusagen zurück, so dass für den Investor ein völlig neues Konzept vorbereitet werden musste. Auch gab es keine Baugenehmigung, da bis zu diesem Zeitpunkt der B-Plan noch in Bearbeitung war und bis zur heutigen Zeit der Satzungsbeschluss des B-Planes „Kurgebiet Dwasieden“ durch die Stadtvertretung noch aussteht. Der Antrag auf Abriss der Armee-Altlasten, welcher zu damaliger Zeit 2,4 Millionen Mark verschlungen hätte, lag noch auf dem Bauamt des Kreises. Ein weiterer Faktor: Die Nachfragen für Kuren gingen bundesweit drastisch zurück und somit wurde die Existenz von Kurkliniken im Allgemeinen in Frage gestellt. Die begleitende Bank des Investors hat auf Grund der Gesundheitsreform die Gesamtfinanzierung eines Kurgebietes in Frage gestellt. Das begleitende Kreditinstitut hatte bis dahin 1,3 Millionen Mark für den Ankauf der Liegenschaften ausgereicht. Das „Für und Wider“ und das Nichtvorhandensein von soliden Investoren zogen sich hin bis zum Jahre 1999. Die von der Gesellschaft beantragten Förderungen über das „KonverII Programm“ in Höhe von 4,5 Millionen Mark für die Erschließung dieses Gebietes im ersten Bauabschnitt konnten nicht in Anspruch genommen werden, da der damalige norwegische Investor trotz intensiver vertraglicher Abstimmung nicht zu dem Notartermin erschienen war. Zu allem Unglück brannte 1997 auch noch der Dachstuhl des Marstalls vollständig aus, welcher wenige Monate zuvor für 25.000 Mark neu eingedeckt worden war. Brandstiftung. Genannte Schadenssumme: 400.000 Mark. Da der Marstall als einzig erhaltenes Gebäude Mittelpunkt des geplanten Kurgebietes werden sollte, wurde der gesamte Verlust noch höher.
Erhalten geblieben sind bis heute noch diverse Ruinen von verschiedenen NVA-Nutzungsgebäuden mit eingeschlagenen Fenstern und Türen, die trotz gesicherter Außenanlagen immer wieder dem Vandalismus zum Opfer gefallen waren, so dass die Verwahrlosung unaufhaltsam voranschreiten konnte.
Zum heutigen Zeitpunkt gehört Dwasieden der „Sassnitzer Heilquellen GmbH i. L.“, vertreten durch einen Rechtsanwalt. Noch immer wird nach einem Investor gesucht – ein Großprojekt, das verwirklicht werden könnte.

Reiseführer & Beschreibungen

1886 beschreibt Edwin Müller seine Erlebnisse in einem Reiseführer:

„Wer sich längere Zeit in Saßnitz aufhält, sollte es nicht versäumen, diesen außerordentlich lohnenden Ausflug zu unternehmen. Man geht von Saßnitz in ca. 20 Minuten bis an die letzten Häuser von Crampas, und dann auf dem von der Fahrstraße geradeaus abzweigenden mit »Feldweg« bezeichneten Wege in 10 Minuten bis zum Eingang des Parks. Zusammen also eine ½ Stunde. Auch mit Segelboot kann man von Saßnitz aus bis zum Park fahren und die Strandtreppe bis zum Schloß hinauf benutzen.

Das Schloss des Herrn von Hansemann, Besitzer der Herrschaft Lanken, erhebt sich auf hohem Uferrande, umgeben von einem umfangreichen, schön gepflegten Park, durch welchen in alter Zeit die Landstraße von Putbus nach Saßnitz führte. Es ist ein prachtvolles Bauwerk, in den Jahren 1873 bis 1876 nach dem Entwurf des bekannten Baurats Hitzig aus französischem Sandstein und schwedischem Granit errichtet, von schönen Gartenanlagen umgeben; die mit Säulen geschmückte Vorderfront des Schlosses ist auf die See gerichtet, und von den Plätzen vor demselben bietet sich ein herrlicher Blick auf das Meer, die gegenüberliegende Granitz und Mönchguter Küste, sowie auf die Crampasser und Saßnitzer Bauten. Eine Treppe führt seitwärts vom Schlosse an das Meeresufer hinab. Der Park, welcher das Schloß umgibt, ist eingezäunt, und durch zwei Hauptpforten, von Crampas und von Lanken aus, sowie von der Meeresseite ist der Eintritt dem Publikum gestattet. Eine große Anzahl von Wegen, zum Teil sehr schön gepflegt, durchzieht den Park; zur näheren Orientierung wird der beigefügte Plan gute Dienste leisten. Mit Hilfe desselben wird man gerne öfter einige Stunden in den lauschigen verschlungenen Wegen des Parkes umherwandern. Die Orientierung ist um so leichter, als die auf der Karte verzeichneten Wege mit an Bäumen angebrachten kleinen Tafeln mit Inschriften korrespondieren; man weiß daher stets, ob man sich auf dem richtigen Wege befindet. Für einen einmaligen Besuch möchten wir folgende Tour empfehlen: Vom Eingange des Crampasser Pförtnerhauses den breiten Schloßweg bis zum Bache, hier rechts ein Stück des Forellenweges, zurück

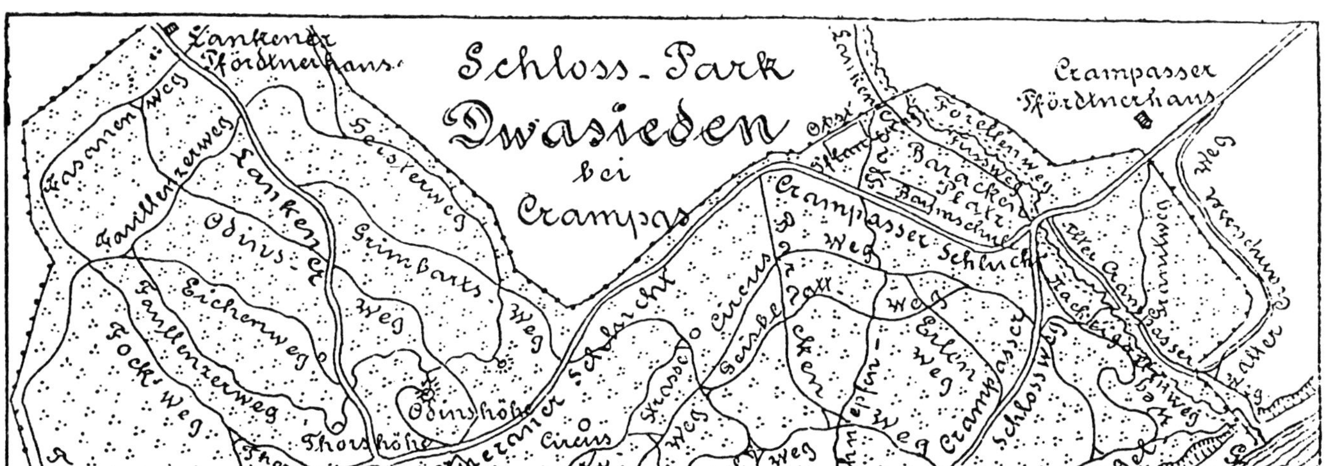

und links den Nachtigallenweg, zur Seite des plätschernden Tribberbaches bis an den Strand, dann den Schlängelweg oder die Schloßtreppe hinauf zum Schlosse. Um die Vorderfront herum am Marstall vorbei Uferweg bis zum Louisenplatz und weiter über den kleinen Jasnitzer Bach hinweg bis zum Focksweg. Diesen rechts bis zum breiten Mukraner Wege verfolgen, dann links zum nahen geöffneten großen Hünengrabe. In dem daneben liegenden Busche wächst ein schönes Exemplar der Stechpalme. Zurück bis zur Einmündung des Lankener Weges, dann den Faulenzer- und Inselweg oder Geisblattweg verfolgend, zurück zur Crampasser Pforte. Weg von 1 bis $1^1/_2$ Stunde. Im Parke viele Hünengräber, und schöne alte Bäume. Die auf der Karte angegebenen Höhen: Odinshöhe, Thorshöhe sind keine Aussichtspunkte, sondern versteckt im Walde liegende Plätze.“ [37]

„Führer durch Saßnitz und Crampas“ (um 1895)

„Haben wir den Park betreten, so geht es zunächst abwärts zum Forellenbach, dann laut Wegweiser bergauf zum Schlosse. Sämtliche Wege tragen Namen, die durch kleine Schilder angegeben sind. Der Park ist ausserordentlich sorgsam gepflegt. In grossen Mengen befinden sich hier Fasane, die in einer Fasanerie gross gezogen und gefüttert werden. Das Schloss ist in den Jahren 1873-76 vom Baurath Hitzig erbaut, es besteht in seinem unteren Theile aus Granit, im oberen aus Sandstein. Die nach der See zu liegende Hauptfassade mit grosser Freitreppe, Säulenhalle etc. macht einen imposanten Eindruck.“ [38]

„Insel Rügen“ von Edwin Müller (1897)

„In früherer Zeit führte von Neu-Mukran ein alter Landweg über Mukran direkt nach Crampas und Saßnitz. Da dieser Weg aber den von Herrn von Hansemann angelegten Park berührte, ist nach einem geschlossenen Vertrag die Landstraße verlegt worden. Man muß jetzt von Neu-Mukran aus die neu angelegte Fahrstraße nach dem 1 Stunde entfernten Gute Lancken benutzen, um auf einem Umweg nach Saßnitz zu gelangen.
Wer dem sehr sehenswerten Parke und Schlosse Dwasieden des Herrn von Hansemann einen Besuch abstatten will, kann aber von dieser neuen Straße aus beim Lanckener Pförtnerhause in den Park eintreten, und nach Durchwanderung desselben durch den Crampasser Ausgang weiter nach Saßnitz wandern. Eine sehr genußreiche Seitentour.
Der Besuch des Parkes wird von dem Besitzer bereitwillig gestattet.“ [39]

„Führer durch das Ostseebad Saßnitz“ (1899)

„Am Ende der Dorfstrasse von Crampas zeigt uns ein Wegweiser mit kurzen aber angenehmen Worten: »$^1/_2$ Stunde zum Schloss und Park Dwasieden«. Wir benutzen diesen, lassen die Drahtseilbahn über uns hinweg rauschen und gehen, im Park angekommen, gleich zum Forellenbach, um die Genüsse auszumalen, wie vortrefflich eine Forelle zu einem Hieb Sherry und einem Gläschen Rüdesheimer mundet. In das Schloss selbst, 1873-1876 von Hitzig erbaut, ist der Besuch

Bild links: Eine ausführliche Parkskizze von Dwasieden aus dem Reiseführer von Edwin Müller.

Bild rechts: Schloss Dwasieden von der Seeseite. Der rechte Teil der Ufermauer ist hier noch mit Pfählen abgesteckt.

nicht jedem Sterblichen gestattet, dafür werden wir aber durch Besichtigung des ebenso grossartig angelegten wie wohl gepflegten Parkes des Herrn Geheimrath von Hansemann und seiner Fasanerie reichlich entschädigt. Für uns Deutsche hat ja diese Stätte immerhin grosses Interesse in dem Bewustsein, dass hier die kaiserlichen Prinzen ebenso wie vor Jahren in Sassnitz in ungezwungener Jugendlust sich fröhlich tummeln und einmal frei sein konnten von dem strengen Zwange, den ihnen ihre Stellung und Zukunft schon in aller Frühe auferlegt."[40]

„Insel Rügen - Neuester Führer" von H. Dunker (1902)

„Das von Crampas 1 km, von Sassnitz 2 km südwestlich in der Nähe des Strandes liegende, Herrn von Hansemann gehörende Schloss Dwasieden, 1874 bis 1877 erbaut, dessen grosser Park mit gutgepflegten Wegen den Besuchern jederzeit geöffnet ist (an den Pförtner kleines Trinkgeld). Das prachtvolle Schloss aus Granit und Sandstein, mit schönen Gartenanlagen umgeben ist auf 20 m hohem Uferrande erbaut und gewährt einen weiten Ausblick auf das Meer. Die Granitz und die nördliche Küste von Mönchgut."[41]

„Griebens Reiseführer" (1904 - 1905)

„Ein hübscher Ausflug ist nach dem Tribber Bach und dem Schloss und Park Dwasieden. Entweder Bootsfahrt bis zur Schlosstreppe (3 M, mit einer Stunde Aufenthalt), oder Motorbootfahrt (einfache Fahrt 25 Pf.), oder Fussweg (von Sassnitz 2 km, von Crampas 1 1/2 km bis zum Walde). Gleich bei den letzten Häusern von Crampas teilt sich der Weg, rechts nach dem Bahnhofe und Sagard, geradeaus Feldweg (Wegw.). Letzteren schlägt man ein und gelangt in etwa 20 Minuten an den Park beim Crampaser Pförtnerhaus. Dwasieden ist nur mit Karte zu betreten; Crampaser Kurgäste können die Karte gegen Vorzeigung der Legitimationskarte von der Gutsverwaltung in Lanken erhalten. Sassnitzer Kurgäste erhalten diese Karte auf dem Motorboot oder von den Sassnitzer Haus- und Hotelbesitzern und der Badedirektion; etwa von Binz kommende Touristen müssen sich von Sassnitz aus eine Karte besorgen. Geht man nach dem Überschreiten des in einer romantischen Schlucht dahinfliessenden Tribber Baches links, so gelangt man unmittelbar zum Schlosse, einem prächtigen Gebäude aus französischem Sandstein und schwedischen Granit, 1873-1876 für Baron von Hansemann nach dem Plane Hit-

zigs erbaut. Von der Vorderseite des Schlosses aus herrliche Aussicht auf das Meer, Crampas-Sassnitz, Jagdschloss und Binz. Folgt man dem Schlosswege weiter, so gelangt man auf eine breite Wegkreuzung, links der Mucraner Weg führt zu einem geöffneten Hünengrab, der Weg geradeaus, der Lankener Weg, zum Lankener Pförtnerhause, der Weg rechts zurück nach Crampas. Eine Menge von Fusswegen durchkreuzen den Park; man kann sich ihnen ohne Furcht, sich zu verirren, ruhig anvertrauen, da man geradeaus gehend stets wieder auf einen der beiden den Park durchschneidenden breiten Wege gelangt."[42]

„Griebens Reiseführer" (1908 - 1909)

„Gleich bei den letzten Häusern von Crampas teilt sich der Weg, rechts nach dem Bahnhofe und Sagard, geradeaus Feldweg (Wegw.). Letzteren schlägt man ein und gelangt in etwa 20 Minuten an den Park beim Saßnitzer Pförtnerhaus. Hier wird man auf Anläuten ohne weiteres ein- und ausgelassen, die Besichtigung des Schloßinneren ist dagegen nicht gestattet."[43]

„Griebens Reiseführer" (1920)

„Auch den Ausflug nach dem Parke Dwasieden mit seinem prächtigen, aus französischem Sandstein und schwedischem Granit 1873-76 für den Baron von Hansemann nach dem Plane Hitzigs erbauten Schlosse gibt es nicht mehr, da die Witwe das Betreten der Besitzung strengstens untersagt hat."[44]

„Führer durch die Insel Rügen"
von Arthur Schulter (1925)

„Ein beliebter Spaziergang ist nach dem von Saßnitz 2 km entfernten romantisch gelegenen Schloß Dwasieden, dem Aufenthaltsort der Kaiserin Auguste Victoria im Jahre 1896. Am Ende der Dorfstraße zeigt ein Wegweiser die Richtung nach dem Schlosse. Der Besuch des herrlichen Parkes, sowie des in den Jahren 1873-1876 von Hitzig erbauten, der verw. Frau Geheimrat v. Hansemann-Berlin gehörigen Schlosses, ist jetzt jedermann gestattet."[45]

Eine altes Schreiben vom 24. September 1927:

„Betr.: Besichtigung von Schloß und Park Dwasieden Nachdem der Führer durch Saßnitz schon im Druck war, erhielten wir die Nachricht von dem Besitzer des Schlosses, daß er es nicht mehr gestatten könne, daß das Publikum Schloß und Park besichtige. Er hätte es satt, sich täglich von dem Publikum auf seinen Eßtisch schauen zu lassen..."[46]

„Führer durch die Insel Rügen"
von Arthur Schuster (17. Auflage 1929-1930)

„Der Besuch des herrlichen Parkes, sowie des in den Jahren 1873-1876 von Hitzig erbauten Schlosses ist leider nicht mehr gestattet."[47]

Bild rechts: Der damals sehr bekannte Fotograf G. Scharbius aus Sassnitz mit seiner Familie auf einem Spaziergang im Schlosspark.

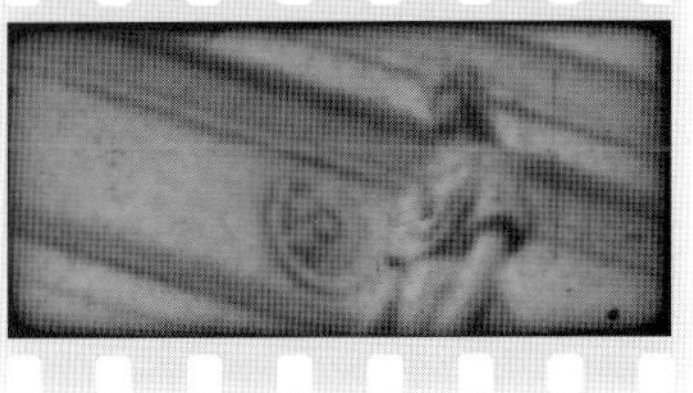

„Rügensche Heimat“
von P. Schultz (Juli/August 1931)

„Es ist ein lohnendes Unternehmen, einen Spaziergang durch Dwasieden zu machen. Dazu empfiehlt es sich, in der Bahnstation Lanken auszusteigen, dann an dem sogenannten Forellenbach entlang in den Park zu wandern. In früheren Zeiten wurde die Forellenzucht in dem etwas flachen aber breiten Gewässer so sorgsam gepflegt und tägliches Füttern mit Käfern und anderen Nahrungsmitteln, daß man stets zahlreiche der munteren Tiere beobachten konnte. Das nördliche Ufer des Baches ist stellenweise sehr hoch, ganz bewaldet und an einzelnen Partien mit zahllosen Granitblöcken bis zu mächtiger Größe bedeckt, was einen düster geheimnisvollen aber eigenartig romantischen und anziehenden Anblick bietet.
Ist man über die zum Schlosse führende Fahrstraße geradeaus hinübergegangen, kommt man an den Nachtigallenweg, der einen anderen, lieblicheren Charakter aufweist aber auch Schönheiten bietet. Kommt man ans Ufer, geht man entweder nach rechts auf der Mauer bis zu der Treppe, die zum Schlosse führt, und da herauf, oder man geht den Nachtigallenweg zurück und dann auf der Fahrstraße nach dem Schlosse, das auch innen gezeigt wird. Von dem freien Platze vor dem Schlosse hat man einen sehr schönen Blick auf Saßnitz. Es empfiehlt sich, diesen Spaziergang nachmittags zu unternehmen, da die Sonne am Vormittag dort manchmal etwas Blendendes hat, was nicht nur durch ihre Stellung, sondern auch durch den Einfluß der vielen Kreidebrüche hervorgerufen wird.“[48]

„Herbstfahrt auf die Ostsee“ von Ludwig Sternaug

„Einmal über die abgeernteten Felder hin nach Schloß Dwasieden. In den Ebereschen-Alleen lärmen die Krähen, über den Stoppeln steht heiß die Luft wie im August. Ein Dorf mit schmutzigen Tagelöhnerhütten wacht aus halben Schlafe auf, schaut aus bösen, kleinen Augen auf die späten Fremden. Lancken - ein wunderlicher Name! Abseits das Rittergut, reich und behäbig, im Wirtschaftshof Schweine von Fabelgröße. Hier gibt´s die Einlaßkarten zum Schloßpark, sehr feierlich, das Zimmer des Inspektors erdrückt mit nüchterner Bureauwürde. Herr von Hansemann, der Berliner Besitzer, läßt einen auf Herz und Nieren prüfen, ehe er Einlaß gewährt...
Man sieht das Schloß in Saßnitz von der Landungsbrücke aus. Ein stolzer Bau, italienische Renaissance, man denkt an die Orangerie in Potsdam. Man denkt an Uhlands Ballade vom hohen Schloß am Meer, man denkt ein wenig auch an Schloß Holkenás in Fontane´s wundervollem Roman »Unwiederbringlich«... an Holkenás, wo Christine Holk gefaßten Herzens sich den Wellen anvertraute, als sie erkannte, daß unwiederbringlich ist, was einmal wir verloren. Und das Auge, das so gern sich täuscht, glaubt auf der fernen Terrasse den Grafen Holk zu sehen. Der sich in leichtem Spiele um sein eigenes Glück betrog und nun, den Blick in fernen Weiten, dem Verlorenen nachtrauert...
Das ist Schloß Dwasieden vom Meer aus. Zum Land hin schirmt es ein riesiger Park. Breite Alleen führen drauf zu. Eine Kindheitserinnerung lächelt: Durch einen solchen Park mag einst der kleine Lord Fauntieron zum Schlosse seines Großvaters gefahren sein. Der Park ist einsam, das Schloß tot. Durch den Park spazieren die Fasane, stolze Tiere in buntem Kleid, in der kühlen Säulenhalle des Schlosses haust die Einsamkeit. Die Tore sind zu, die Fenster verhängt. Um die Türme wandern die Wolken. Und in den Fliederbüschen, wo im Mai die Nachtigallen schluchzen, stehen jetzt Kanonen und drohen dunklen Mundes in die Ferne, in den Krieg.
Herbst weit und breit...
Nur ein paar Rosen blühen noch in sturmverwehtem Beet, große, blasse, die Sonne legt ein banges Schmeicheln drauf. Sieht jemand zu? »Gib mir die Hand und komm... wir wollen sie uns pflücken gehen... es werden wohl die letzten sein!«“[49]

Adolph von Hansemann
(* Aachen 27.7.1826, † Berlin 9.12.1903)

Adolph von Hansemann war Geschäftsführer der Disconto-Gesellschaft. Sein genauer Titel lautete: Geheimer Kommerzienrat, Geschäftsinhaber der Discontogesellschaft, Kaiserl. und Königl. Österr.-Ungar. Generalkonsul in Berlin.
Hansemann zeigte schon früh eine ausgesprochene Neigung für den Kaufmannsberuf. Nach der Schule schloss sich 1841 eine kaufmännische Lehrzeit in Hamburg an. Mit gerade erst 17 Jahren wurde er Teilhaber in der Tuchfabrik seines Vetters in Eupen. Im Jahre 1857 wurde er von seinem Vater David als Geschäftsinhaber in die Disconto-Gesellschaft berufen, welche er nach dessen Tode im Jahre 1864 übernahm. In dieser Position wurde Hansemann der angesehenste und tatkräftigste Bankier der Bismarckzeit. Unter seiner Leitung machte er die Disconto-Gesellschaft zur führenden Berliner Großbank.
Vor allem wegen seiner Verdienste um die Finanzierung des Deutsch-Französischen Krieges in den Jahren 1870/71 wurde Hansemann am 8. März 1872 in den erblichen Adelsstand erhoben. Nach der Reichsgründung von 1781 baute er die Beziehungen zur westdeutschen Montanindustrie systematisch aus. Seit ihrer Gründung 1896 war er Aufsichtsratsvorsitzender bei der Gelsenkirchener Bergwerk-AG. So erhielt die von ihm 1896 sanierte und in eine Gewerkschaft umgewandelte Mengeder Bergwerks AG seinen Namen.
Sein Vater David Hansemann engagierte sich besonders für den inländischen Ausbau des Eisenbahnnetzes. Adolph beschäftigte sich auch sehr intensiv mit dieser Thematik, beschränkte sich aber nicht allein auf die Finanzierung inländischer Eisenbahnanlagen, sondern beteiligte sich auch an zahlreichen ausländischen Bahnunternehmen. Im Jahre 1890 finanzierte er zum Beispiel zusammen mit der Bank in Hamburg den Bau der Großen Venezuela-Eisenbahn. Auch übernahm er den Vorsitz im Aufsichtsrat der Schantung-Eisenbahn-Gesellschaft im Jahre 1899, den er bis zu seinem Tode behielt. Hansemann unterstützte die kolonialen Bestrebungen Deutschlands durch die Gründung der Deutschen See-Handelsgesellschaft. Hier wurde der Erwerb von vier Samoa-Inseln durch das Deutsche Reich vorbereitet. Die Neu-Guinea-Compagnie hatte Hansemann im Jahre 1885 ins Leben gerufen. Er hatte Neuguinea niemals besucht, doch gehörte seine ganze Liebe der Compagnie. Die Bank war unter seiner Führung an der Erschließung fremder Bodenschätze in China durch die Schantung-Bergwerksgesellschaft und in Südwestafrika durch die Otavi-Minen-Gesellschaft beteiligt. Die Sanierung der rumänischen Eisenbahn und deren weiterer Ausbau wurde auch über sein Institut finanziert.
Adolph von Hansemann wirkte an zahlreichen Bankgründungen in anderen europäischen Ländern sowie in Übersee mit. Durch anstrengende Arbeit war er so vermögend geworden, zählte lange Jahre zu den größten Steuerzahlern in Berlin und war einer der reichsten Männer des Kaiserreiches. In Berlin in seiner prunkvollen Villa und auf Schloss Dwasieden verkehrten führende Bankiers und Industrielle, Staatsmänner und Diplomaten aus aller Welt.
Seine ganze Arbeit und seine ganze Kraft gehörten der Bank. Er war von früh bis spät auf seinem Posten. Aus der Beamtenschaft seiner Disconto-Gesellschaft sind zahlreiche bedeutende Persönlichkeiten der Bankwelt und der Industrie hervorgegangen. Jahrzehntelang stand die Discono-Gesellschaft unbestritten an der Spitze aller deutschen Banken. So groß wie sein Fleiß war auch sein Ordnungssinn – vom Größten bis zum Kleinsten, vom großen Finanzgeschäft bis hin zur

Anordnung einer Treibjagd. Berühmt war auch seine Fähigkeit zur Führung wichtiger Verhandlungen. Hansemann besaß durchdringenden Verstand, geschäftliche Phantasie und unerschöpfliche Kombinationsgabe. Nicht das Streben nach Reichtum war der bewegende Grund seiner Arbeit, sondern das Schaffen bereitete ihm Freude und Genugtuung bis zu seinem letzten Lebensjahr. Er verlangte nicht wenig von seinen Mitarbeitern, am meisten aber von sich selbst. Aus dem „Echo der Gegenwart“ vom 28. Juli 1926 erfahren wir: „In den neununddreißig Jahren seiner Leitung stieg das Kapital der Bank von sechsunddreißig Millionen auf zweihundert Millionen Mark, denen sich noch hundert Millionen Mark Reserven zugesellten.“[50] Ein Auszug aus dem Buch „Adolph von Hansemann“: „Der Erfolg änderte auch im übrigen sein Wesen und seine Persönlichkeit nicht. Bereits am 13. Januar 1868 war er zum Geheimen Kommerzienrat ernannt worden, vier Jahre später erfolgte die Erhebung in den erblichen Adelsstand, höchste Ordensauszeichnungen waren ihm zuteil geworden, er war Mitglied des Kolonialrates, Mitglied des Zentralausschusses der Reichsbank, in der Verwaltung vieler und bedeutender Unternehmungen, er war Großgrundbesitzer in einem Umfange, der sonst nur bei alten Adelsfamilien vorkommt, besaß ein großes, nach vielen Millionen zählendes Vermögen und blieb der schlichte, arbeitsame, persönlich sich zurückhaltende und unermüdlich für das Emporblühen seines Instituts tätige Mann, welcher er auch bei Beginn seiner Laufbahn gewesen war. Im Sommer wie im Winter erhob er sich um 6 Uhr in der Frühe und begann nach einem kurzen Frühstück sein Tageswerk, und zwar, wie jeder Geschäftsmann, mit der Lektüre von in- und ausländischen Zeitungen. Im Archiv der Disconto-Gesellschaft wurde für ihn eine Zusammenstellung der für ihn bedeutsamen Nachrichten aus der In- und Auslandspresse gefertigt, doch begnügte er sich hiermit nicht, sondern pflegte sich weiter aus den Zeitungen zu informieren. Des Mittags kehrte er nicht nach Hause zurück, sondern nahm in seinem Arbeitszimmer ein kleines Frühstück ein, das ihm von Hause gebracht wurde und das aus einem Gericht und einer halben Flasche Wein bestand. Die Arbeit ging dann ununterbrochen bis 6 oder 7 Uhr abends fort, worauf er die Bank verließ, um sich – einem Wunsch seiner Frau folgend – häufig zu Fuß über die Linden- und die Tiergartenstraße nach Hause zu begeben.“

Neben Dwasieden besaß Hansemann noch weitere Güter, wie zum Beispiel die Herrschaft in Lissa-Laube oder die Herrschaft Pempowo im ehemaligen Posen-Westpreußen, Kreisstadt Gostyn. Hier stehen heute noch aus seinem Besitz ein restauriertes Barockschloss mit Forstamt, Reit- und Marstall und ein 20 Hektar großer Park mit seltenem Baumbestand. In Pempowo lag der wesentlichste Teil von Hansemanns Grundbesitz. Dieser wurde von seinem Sohn Albrecht Hansemann bis 1917 verwaltet. Nach dessen frühem Tod ging auch dieser Besitz an Gerd von Oertzen über. Die Beweggründe Hansemanns für den Erwerb seines ausgedehnten Grundbesitzes sind bis heute umstritten. Wahrscheinlich ist, dass er sein Vermögen in diesem Besitz anlegen wollte, welcher für die Familie auf längere Zeit gesichert war. Auch seine Erhebung in den erblichen Adelsstand verpflichtete Hansemann zur Ausstattung seiner Familie mit umfangreichem ländlichen Grundbesitz.

Im Jahre 1929 übernahm die 1870 gegründete Deutsche Bank die Disconto-Gesellschaft im Wege der Fusion und firmierte von da ab als Deutsche Bank und Disconto-Gesellschaft. 1937 erfolgte die Umbenennung in den alten und neuen Namen Deutsche Bank.

Wappenbeschreibung

Mit der Erhebung in den preußischen Adelsstand erhielt Adolph von Hansemann ein Wappen, welches wie folgt beschrieben wird:
„Das Wappen ist geteilt, oben in Silber ein schreitender schwarzer Löwe, welcher in der rechten Pranke eine rote Lilie hält; unten in Schwarz drei, je mit einer roten Lilie belegte silberne Pfähle. Auf dem gekrönten Helm mit rechts schwarz-silberner und links rot-silberner Decke ein wachsender gekrönter und laubumgürtelter wilder Mann, welcher in der rechten Hand ein mit einer roten Lilie bestecktes goldenes Zepter und in der Linken an einer goldenen Lanze ein von Schwarz, Silber, Rot, Silber und Schwarz geteiltes Fähnlein hält."[51] Im Schloss Dwasieden taucht der „Wilde Mann" an verschiedenen Stellen auf. Auf beiden Türmen auf der jeweiligen Fahnenstange war er am oberen Ende als Abschluss zu sehen. Im großen Saal im Obergeschoss waren zehn Türen über die Galerie zu erreichen. Über jeder Tür befand sich eine Holzverzierung des „Wilden Mannes". Am Marstall ist Hansemanns Wappen in Sandstein gearbeitet.

Bild links: Adolph von Hansemann zu Beginn der sechziger Jahre im Alter von 34 Jahren.

Ottilie von Hansemann
(* Koblenz 11.4.1840, † Berlin 12.12.1919)

Aus der Ehe von Adolph mit Ottilie von Hansemann gingen zwei Kinder hervor: ein am 10. September 1861 geborener Sohn, welcher den Namen Ferdinand erhielt, und eine am 19. Januar 1867 geborene Tochter, welche auf den Namen Davide Eveline getauft wurde. Ottilie war ihrem Mann eine kluge und verständnisvolle Lebensgefährtin und hat ihm die Erfüllung seiner Aufgaben in jeder Weise erleichtert. Sie liebte die Musik, musizierte selbst und ihr Interesse galt vor allem Gedichten, Politik und allen Fragen des öffentlichen Lebens. Ottilie von Hansemann setzte sich sehr intensiv für die Frauenbewegung ein. Ein Augenzeuge in Dwasieden wusste zu berichteten: „Wer Gelegenheit hatte, das Leben im Schlosse Dwasieden kennen zu lernen, konnte dort häufig Vertreterinnen der Frauenbewegung treffen, die damals in der Zeit ihrer Kämpfe und ersten Erfolge an Frau von Hansemann eine starke Stütze hatten; die ganz offen für die Bestrebungen der Frauenwelt nach Gleichberechtigung eintrat und mit dem Gewichte ihres Namens und ihres Einflusses wesentlich helfen konnte und auch an finanzieller Hilfe nichts fehlen ließ."[52]
Vor ihrem Tode bestimmte sie testamentarisch eine Millionen Reichsmark zum Bau eines Studentinnenheimes, welches sie dem Victoria-Studienhaus schenkte. Dieses befindet sich noch heute in der Otto-Suhr-Straße in Charlottenburg in Berlin mit der Hausbeschriftung: „Ottilie von Hansemann-Stiftung".

Übersicht der genealogischen Stammreihe

David Hansemann
* Finkenwerder bei Hamburg 12.07.1790
† Schlangenbad 04.08.1864
00 Eupen 03.04.1821
Fanny Fremerey
* Eupen 25.04.1800
† Berlin 13.05.1876

Adolf von Hansemann
* Aachen 27.07.1827
† Berlin 09.12.1903
00 Köln 11.10.1860
Ottilie von Kusserow
* Koblenz 11.04.1840
† Berlin 12.12.1919

Gustav von Hansemann
* Aachen 22.06.1829
† Berlin-Charlottenburg 22.05.1902
00 Hückeswagen 20.05.1855
Mathilde Vorländer
* Hückeswagen 08.10.1827
† Berlin 14.07.1880

Louise Hansemann
* Aachen 27.06.1823
† Berlin 09.02.1909
00 Berlin 05.03.1851
Jacob Marx
* Bonn 28.03.1812
† Berlin 08.01.1885

Ferdinand von Hansemann
* Berlin 10.09.1861
† Berlin 03.10.1900
00 Heidelberg 07.07.1885
Josephine (Pepina) Stienen
* Ancona 24.06.1862
† Dalkau 14.07.1936

Fanny von Hansemann
* Eupen 15.02.1856
† Groß Grauden 20.08.1923
00 Charlottenburg 21.09.1876
Paul Wilhelm Freiherr von Reibnitz
* Breslau 12.08.1838
† Berlin 14.02.1900

David von Hansemann
* Eupen 05.09.1858
† Berlin 28.08.1920
00 Leipzig 18.12.1885
Elisabeth Walter
* Eisenach 30.06.1863
† Berlin-Grunewald 01.12.1935

Ottilie von Hansemann
* Berlin 08.09.1886
00 Pempowo 14.09.1908
Joachim von Oertzen
* Windhausen bei Kassel 20.04.1877
† Gießen 02.12.1950

Albrecht von Hansemann
* Berlin 09.12.1887
† Wien 17.01.1917

Fritz David von Hansemann
* Berlin 13.09.1886

Gert von Oertzen
* Berlin 22.09.1910
† Minden 04.04.1996
00 Hannover 28.08.1968
Anna Elisabeth von Oertzen
* 18.04.1922
† Minden 27.11.2011

Ein Besuch bei Anna Elisabeth von Oertzen in Minden im Sommer 2003 – der Frau des letzten Schlossbesitzers.

Friedrich Hitzig
(* Berlin 8.4.1811, † Berlin 11.10.1881)

Am 8. April 1811 wurde Hitzig als Sohn des Kriminalisten und Schriftstellers Julius Eduard Hitzig geboren. Er verlebte eine unbeschwerte Kindheit, besuchte das Friedrich-Wilhelm-Gymnasium und begann seine Ausbildung an der Friedrich-Werderschen-Gewerbeschule in Berlin. Dort bestand er 1828 die Prüfung als Feldmesser. Nach der Prüfung war Hitzig zwei Jahre am Bau der Oderbrücke in Küstrin beschäftigt. Als dieser Bau beendet war, kehrte er nach Berlin zurück, um unter Karl Friedrich Schinkels Leitung die Berliner Sternwarte mit aufzubauen. Er setzte seine theoretischen Studien an der „Allgemeinen Bauschule" fort, unternahm 1835 eine Studienreise nach Paris, wobei sich seine Neigungen für den Wohnhausbau besonders ausprägten. 1837 legte er seine zweite Staatsprüfung ab und durfte sich ab jetzt Staatsbaumeister nennen. Seine gute finanzielle Lage machte es möglich, dass Hitzig von Anfang an als Privatarchitekt arbeiten konnte. Sein Hauptbetätigungsfeld war Berlin. Er unternahm noch viele Bildungsreisen, so nach Italien, Ägypten, Griechenland und in die Türkei. In vielen folgenden Wohnungsbauten spiegelten sich die von ihm gesammelten Eindrücke wieder.
Zu seinen städtischen Großbauten gehörten die Markthallen am Schiffbauerdamm, die Berliner Börse (1859-63), die Reichsbank (1869-76), das provisorische Gebäude des ersten Reichstages (1871) und der Umbau des Zeughauses zu einer militärischen Ruhmeshalle (1877-80). Hitzig wurde auch zu einigen anderen Schlossbauten neben dem Schloss Dwasieden hinzugezogen. Es handelte sich um die Schlösser Neetzow (Kreis Anklam), Kittendorf und Bredenfelde (Kreis Malchin), Göhren (Kreis Strasburg), Kartlow (Kreis Demmin) und um den Umbau des Schlosses Remplin (Kreis Malchin). Schloss Dwasieden entstand erst am Ende seines schöpferischen Lebens. Es würde noch heute zu den prächtigsten Schlössern in Vorpommern gehören, wenn es nicht zur Zerstörung gekommen wäre.
Hitzig erhielt zahlreiche Auszeichnungen für seine Verdienste um die Entwicklung der Architektur. Auf Grund seiner künstlerischen Leistungen wurde Hitzig 1855 Mitglied der Königlichen Akademie der Künste zu Berlin. 1863 wurde er zum Geheimen Regierungsrat ernannt. Ab 1868 war er deren Senator und ab dem Jahre 1875 deren Präsident bis hin zu seinem Tode. Er starb am 11. Oktober 1881 in Berlin. Seine letzte Ruhestätte fand er auf dem Friedhof an der Chausseestraße neben dem Grab von Friedrich Schinkel – dem „Vater" seiner reichhaltigen Ideen.

Die kommenden Seiten zeigen Fotos aus einer alten Präsentationsmappe der Firma Teichen, welche kurz nach dem Bau des Schlosses entstanden sind. Diese Bilder wurden auch als Vorlage für die ersten Stahlstiche und Postkarten verwendet.

DWASIEDEN

Vorderansicht

Vorderansicht

Säulenhalle

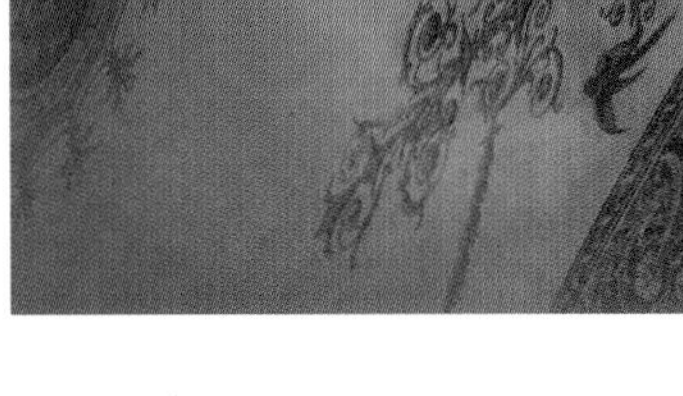

Hauptsaal

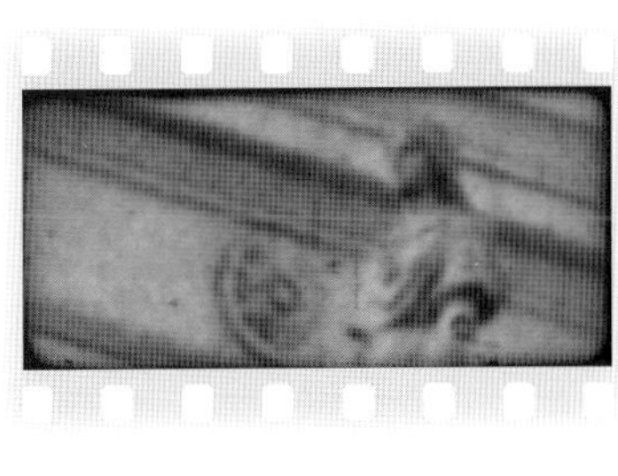

Treppenflur

Hinteranschicht

Heutige Impressionen …

...vom Schloss Dwasieden

1. rechter Pavillon
2. Pavillonverzierung
3. Wendeltreppe
4. linker Pavillon hinten
5. linker Pavillon Seite
6. Haupttreppe Seeseite
7. Pavillonsäulen
8. Wandverankerung
9. verwilderte Eiben
10. Säulensockel
11. Kellergewölbe
12. rechter Pavillon
13. linker Pavillonbogen
14. Gewölbebogen
15. Pavillonsäulen
16. rechter Pavillon

Schildersockel
1./2. Circus
3. Odinshöhe
4. Luisenplatz
5. Treppenreste
Nachtigallenweg

1. Crampasser Pförtnerhäuschen
2. Lanckener Pförtnerhäuschen
3. Mauertreppe
4. Reste der Ufermauer
5. Uferschlosstreppe
6. Steinpoller
7. Blühender Ginster

Der Marstall

Handschrift von Seite 30:
„Das Provisorat des Klosters St. Annen und Brigitten berichtet wegen Genehmigung des Verkaufs des Gutes Clementelvitz.

Dem Rathe haben wir die Ehre zu berichten, daß sich Gelegenheit gefunden hat, das Gut Clementelvitz an den Geh. Commerzienrath von Hansemann zu Berlin unter vorteilhaften Bedingungen zu verkaufen als wir hoffen dürfen, bei der beabsichtigten und mit Genehmigung des Raths bereits eingeleiteten Veräußerung im Wege der Parcelhirung zu erziehlen und daher jetzt uns verpflichtet erachten, im Interesse des Klosters die Genehmigung des jetzt abgeschlossenen Verkaufs Seitens des Raths und des bürgerschaftlichen Collegiums gehorsamst zu erbitten."

Titelbild: Schloss Dwasieden von der Seeseite. Es entstand 1895 und zeigt das Schloss nahe dem Steilufer, was nicht der Wirklichkeit entsprach -künstlerische Freiheit des Malers.

Bild neben der Inhaltsseite: Originaler Kerzenleuchter aus dem Schloss Dwasieden.

Bild links: Eine außergewöhnliche Perspektive des Schlosses und vor der Säulenhalle die „gute Fee" dieses Buches.

Bild rechts: Die Säulenhalle aus anderem Blickwinkel.

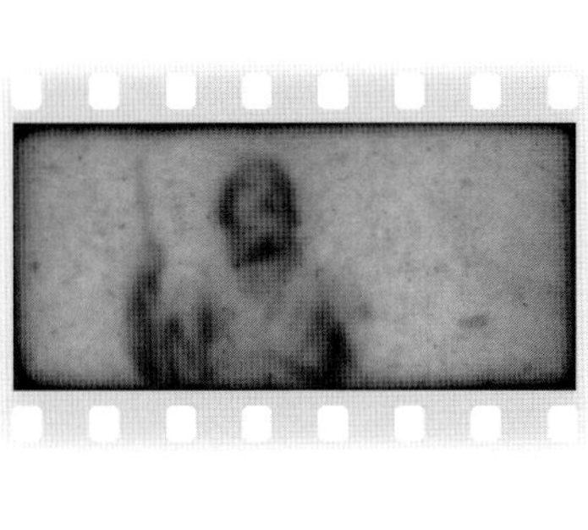

Danksagung

An dieser Stelle möchte ich mich ganz herzlich bei allen bedanken, die mir bei der Materialbeschaffung behilflich waren. Der größte Dank gilt meiner Freundin Janet Kootz, die sehr viel Verständnis aufgebracht und mich in jederlei Hinsicht unterstützt hat. Für einen Großteil der Neuzeit-Fotos ging mein Vater Dieter Lindemann auf die „Pirsch" - vielen Dank. Ein sehr großer Dank gilt auch folgenden Freunden und Bekannten, die mir umfangreiches Bildmaterial zur Verfügung gestellt oder mich in anderer Art bei diesem Buch unterstützt haben: Anna-Elisabeth v. Oertzen, Harro Schack, Joachim Hahlbeck, Klaus Hanitzsch, Manfred Halle, Irma Czycholl, Peter Müller, Günter Unsicker, Burkard Steinhoff, Gerhard Koggelmann, Gabriela Risch, Reinhard Frost, Carlo Wloch, Norbert Müller, Heike Sommer, Gerd Raulff, Andreas Küstermann, Günter Dorn, Heinz Lockenvitz, Berndt Reichel, Norbert Rösler, Gerhard Werzner, Detlef Stübe, Andreas Pfaffe, Jochen Richter, Wulf Krentzien, Peter Münch, Wolfgang Urban, Herbert Maltzan, Chris-Marco Herold, Andreas Neumerkel, Christoph Plamper, Ernst Thurow, Bernd Hauckwitz. Ebenfalls ein Dankeschön geht an die Kirchengemeinde Sassnitz, das Stadtarchiv Sassnitz und das Stadtarchiv der Hansestadt Stralsund. Weiterhin danke ich Thomas Wuitschik für die freundliche Bereitstellung der Technik.

Bildnachweis:

Anna-Elisabeth v. Oertzen: Titelbild, 13, 15, 17, 18, 33, 35, 37, 46
Harro Schack: 11, 16, 19, 21, 23, 25, 27, 29, 39, 44, 48, 51 unten, 53, 60, 61, 62, 63, 85 (1996), 93
Joachim Hahlbeck: 26, 32, 40, 43, 45, 50 oben, 56, 57, 64, 65
Klaus Hanitzsch: 30, 54, 58, 71 oben
Gerhard Werzner: 49, 50 unten, 51 oben, 52
Burkard Steinhoff: 9, 10, 73 bis 79
Gerhard Koggelmann: 38 links, 69 (Wappen)
Janet Lindemann: 34, 38, 70, 71
Jochen Richter: 31, 47
Heinz Lockenvitz: 59
Bernd Hauckwitz: 20
Christoph Plamper: 36
Walter Stecher: 89
Inge Kunter: 90, 91, 92, 94, 95
Dieter Lindemann: 80 bis 84
Ralf Lindemann: 12, 14, 24, 55, 66, 71, 86, 87
Stadtarchiv Sassnitz: 42
Stadtarchiv Stralsund: 28
Aus dem Buch „Adolph von Hansemann":
7, 22, 41, 68, 69 oben
Aus dem Buch „Die Vorfahren und Nachkommen von David Justus Ludwig Hansemann" (1968): 6, 67

Literaturnachweis:

* Buch „Adolph von Hansemann" von Peter Münch (1932)

Archivmaterial von:
Harro Schack: 4, 11, 12 (unbekannte Zeitung), 17, 18, 20, 24, 26, 27, 28, 36, 37, 38, 39, 40, 42, 44, 48, 50, 52
Joachim Halbeck: 2, 3, 13, 14, 19 (unbekannte Zeitung), 21, 22, 23, 25, 29, 31, 46
Stadtarchiv Stralsund: 1, 5, 6, 7, 8, 10
Manfred Halle: 41, 43, 45, 47, 49
Norbert Rösler: 33, 34
Martin Holz: 16, 30
Detlef Stübe: 15
Andreas Küstermann: 9
Dr. Wolfgang Urban: 32
Dr. sc. mil. Horst Auerbach: 35
Heraldiker Gerhard Koggelmann: 51

Herbst weit und breit…
Nur ein paar Rosen blühen noch in
sturmverwehtem Beet - große, blasse -
die Sonne legt ein banges Schmeicheln drauf.
Sieht jemand zu?
„Gib mir die Hand und komm…
wir wollen sie uns pflücken gehen…
es werden wohl die letzten sein!“

Erinnerungen an den Schlosspark Dwasieden

(Handschriftliche Aufzeichnungen von Frau Stecher - Frau des Försters - im Jahr 1939)

Dwasieden.

Vor 30 Jahren lag Dwasieden noch unberührt vom Leben und Treiben der Welt. Wie ein Märchenschloß in Waldesdämmerung lag der aus weißem Sandstein in römischem Stil ausgeführte Bau inmitten prächtiger Buchen. Von Saßnitz aus führte ein Privatweg über die frühere Eisenbahnbrücke, umsäumt von Ebereschenbäumen zum Parktor, an dem auch das Pförtnerhaus lag. Wer Einlaß begehrte, mußte sich dort selbst beim Pförtner melden und, nachdem ein diesbezüglicher Erlaubnisschein, vom Gutsverwalter ausgestellt, vorgezeigt wurde, durfte der Park betreten werden. War es nun zur Frühlingszeit, so bot sich dem Besucher ein entzückendes Bild, denn unter den hohen Buchen breitete sich der schönste Blumenteppich aus und überall das zarte Grün vom Baum und Strauch. Vom Parktor führte der Weg bergab, zu beiden Seiten Anhöhen, die durch Anpflanzung von Efeu und Farnkraut belebt wurden. Zur rechten Hand des Weges kommt von höherer Lage ein Bach (Tribber Bach), der in die See mündet. Dieser Bach war stellenweise vergrößert und ausgebaggert, so daß kleine Teiche zwischen grünenden Ufern lagen; in diesen Teichen waren Forellen ausgesetzt, die gepflegt und zur Zeit gefischt wurden. Am Rande des Baches stehen hauptsächlich Ulmen; ein wunderbarer Spaziergang von der See bis zu dem zu Dwasieden gehörigem Gut. Über dem Bach waren kleine Brücken gespannt. Zwei große Findlinge standen am Ufer des Bachs, von denen der eine als Heldengedenkstein auf der Anhöhe des Saßnitzer Friedhofes steht. Dann kam zur rechten Hand ein Hohlweg, nur einspurig, zwischen Anhöhen gelegen. Dieser Weg ist der frühere Verkehrsweg von Saßnitz nach Bergen und Putbus gewesen. Wollte ein Fuhrmann in diesen Weg einbiegen, so mußte er erst Signal geben, damit er nicht mit einem entgegenkommenden Fuhrwerk zusammenstieß (d.h. diese Zeit liegt weitere Jahre zurück). Nun führte der Weg wieder bergauf zum Schloß, zu beiden Seiten des Hauptweges zweigen sich Nebenwege ab, alle durch Namen gekennzeichnet. Zur linken Hand stehen mehrere gepflanzte Ibex oder Christusdorn, auch Hülsenstrauch genannt (Naturschutz). Zur rechten Seite eine Nordmannstanne, die vor 30 Jahren noch ein kleines Bäumchen war, jetzt aber zur stattlichen Höhe

Frau Stecher im Vordergrund. Die Markierung zeigt, dass die Försterfamilie rechts oben im Marstall wohnte.

gewachsen ist. Rechts führte der Barackenweg zum Felde hinaus und zugleich auch zum Hauptgut Lanken. Viele mächtige hohe Kirschbäume umsäumten ihn. Links führte nun der Weg zum Strand und zum Abstieg durch Treppen an die See. Die Vorderfront des Schloßes ist zur Seeseite gelegen, ein kiesbestreuter freier Platz mit einem Rosenrundteil und Zier Taxus schließt sich der Freitreppe an, die von beiden Seiten eine Erhöhung mit Anpflanzung von wildem Wein besaß und von zwei gußeisernen Rehböcken geziert wurde, mit herrlicher Aussicht auf die See. Der Weg führte rings um das Schloß herum, an dessen Seitenflügel sich rechts der Wintergarten, links der Rosengarten anschloß. Vor der Hinterfront des Schloßes befand sich ein kleiner runder Rasen mit einigen schönen Buchen und Eichen. Unweit des Schloßes befindet sich das Marstallgebäude (Kavalierhaus), in dem oben die Försterwohnung, unten Remies für Wagen und der Pferdestall. Die Kellerräume wurden zur elektrischen Lichterzeugung benutzt (noch früher wurde Gas in einem in der Nähe des Marstalles gelegenen kleinem Häuschen und Kesselanlagen erzeugt). Vor dem Marstall dehnte sich ein größerer Kiesplatz aus, auf dem sich in der Mitte eine prächtig gewachsene Buche und einige kleine Gruppen Bäume befanden. Zur linken Seite des Schloßes am Hochufer war eine Plattform, von wildem Wein umrankt, und Bänke luden ein zum Ausruhen und behaglichem Schauen über die See. Ein Eiskeller und Holzschuppen, sowie ein kleines Häuschen für den Uhu, Hundezwinger, waren in der Nähe des Marstalles. Vom Schloß aus führte der Hauptweg bis zum Ausgang des Parkes wieder an einem Pförtnerhaus vorbei, durch ein Tor geschlossen und mündete in eine Reitallee, die außerhalb des Tores lag; zu beiden Seiten des Weges sieht man dort noch heut doppelte Baumreihen, diese Wege dienten dem Reitsport. Das Pförtnerhaus war von Efeu umrankt, daran schloß sich ein Schuppen zur Fasanenaufzucht. Der Hauptweg, wie auch fast alle Wege, gehen bergauf, bergab in vielen Windungen; schöne Plätze, wie der Heideberg, inmitten von Tannen umgeben, der Sonnenbrand, auf dem viele hochgewachsene Buchen standen. Der Saßnitzer Bruch, unterhalb des Heideberges gelegen, mit einem kleinen Teich, in dem Karpfen ausgesetzt waren. In der Mitte des Teiches war aus Sandstein ein Sockel gemauert, auf dem Farnkraut gepflanzt war und wilde Enten sich dies, vor Raubzeug friedlich geschützte Plätzchen, als Brutstätte ausersahen. Viele Hügel im Walde, mit Kirschbäumen bestanden, rote und schwarze wilde Kirschen tragend, echte Kastanienbäume, waren gepflanzt, deren Früchte im heißen Sommer reiften. Ein Schießstand befand sich am Eichenweg. Auch ein Zwergobstgarten war in der Nähe des Baches; in den Jahren war der Ertrag lohnend, später wurde dieser Garten mit Tannen bepflanzt. Ein Pflanzgarten war auch vorhanden, in dem der Förster ein Teil seiner Pflanzen selbst zog. In einem Vorsprung, am äußeren Rande des Parkes nach Mukran zu gelegen, befinden sich zwei Hünengräber, ein geöffnetes und ein geschlossenes, auf dem eine Lärche steht, dort oben wurde noch ein Pflanzgarten angelegt. Von dem Hauptweg aus führte ein schöner Tannenweg zu den Hünengräbern. Am Ende des Tannenweges bleibt man stehen und sieht, daß

sich von dort aus sechs Wege kreuzen, der Tannenweg, der Foxweg, auf den in früheren Jahren die Kreide von dem Bruch aus zur See befördert wurde. Dieser Sternweg war mit Buchen eingefaßt, der Weg zum Sonnenbrand war mit Japanischer Lärchenhecke eingefaßt und der Weg zum Hünengrab mit Buchen und Lärchen, es gab noch verschiedene solcher mit Hecken versehener Wege.

In 30 Jahren zweimal Sturmflut. Zur Befestigung des Parkes von der Seeseite aus war eine Kaimauer aufgeführt, vor derselben lagen noch mächtige Findlinge, und Rammpfähle waren im Zickzack eingestampft. War der Wellenanprall sehr groß, so wurde das Ufer noch mit Buhnen, Steinen und Sandsäcken verbarrikadiert, doch nahm die Wucht der Wellen alles, was mit größter Mühe herangebracht war, spielend fort. Besonders stark war der Anprall auf Dwasieden seit dem Bau der Westmole, auch wurden dem Besitzer dadurch viele Sorgen und Geldkosten verursacht. Viel Land stürzte außerhalb des Parkes ab, ebenso Fahrwege im Walde. Neben der Kaimauer lief noch ein mehrere Meter breiter Fußweg entlang. Der Abhang vom Hochufer bis zur Kaimauer war mit Dornengestrüpp, Schlehdorn, Seedorn, Akazien, wilde Rosen, Weiden, Hasel bepflanzt, die dem Ufer die mächtige Festigkeit gaben. Am Ende der Mauer stand ein hübsches Badehäuschen mit Laufsteg. In dem ganzen Park und an der See waren an bestimmten Plätzen Bänke-Tische und Fußbänke aufgestellt, ebenfalls wurden Bretter und Tischplatten auf dazu bestimmte Sandsteinblöcke aufgeschraubt. Die Wege waren bis auf den schmalsten Fußweg sehr sauber gehalten, geharkt, abgekantet, Rasenwege gemäht. Holz wurde nur Deputatholz für die Leute, die auf dem zu Dwasieden gehörenden Gütern gehörten, geschlagen. Auch Torf wurde im Torfmoor bei Dargast gestochen und an die Gutsleute verteilt. Der Baumbestand im Park ist mannigfaltig. Neben urwüchsigen Buchen und Eichen stehen Tannen, Kiefern, Eiben, Erlen, Eschen, Birken, Linden, Lärchen, Edeltannen, Ulmen, Wilde Kirschen, Apfelbäume, echte Kastanien und wilde Kastanienbäume, Walnuß, Faulbaumpappeln, Ahorn, Ilex, Rot- und Weißdorn, Holunder, Weiden, Akazien, Hasel und Schlehdorn, Ebereschen, Goldregen.

Der Besitz des Herrn von Hansemann war 5000 Morgen groß. Von Saßnitz Dwasieden bis zum Hülsenkrug (jetzt Neu Mukran), dort 4 Pachthöfe, jetzt Erbpachthofe, dann weiter bis kurz vor Sagard, den Schlooner Bach entlang, mit Gut Dargast und Kreidebruch bis zur Stubnitz, von dort über den Lenzberg wieder herunter bis zur See. Das Hochufer von Saßnitz bis zum Hülsenkrug war seinerzeit noch bewaldet, durch Witterungseinflüße, innere Quellen, von unten Wellenandrang stürzte viel vom Ufer in die See. Schloß Dwasieden wurde im Jahre 1873 - 1876 von Italienern erbaut. Der Besitz gehörte vordem einem Herrn von Barnekow. Die Beförderung des Baumaterials geschah auf dem Wasserwege. Nicht unerwähnt soll bleiben, daß Herr Geheimrat von Hansemann die Ab sicht hatte, Marinestation zwischen Saßnitz und Dwasieden zu schaffen, davon zeugten bis vor kurzem die links des Privatweges liegenden abgegrenzten und mit Bordsteinen eingefaßten Grundstücke, die durch gepflanzte Bäume und gepflegte Wege in Stand gehalten

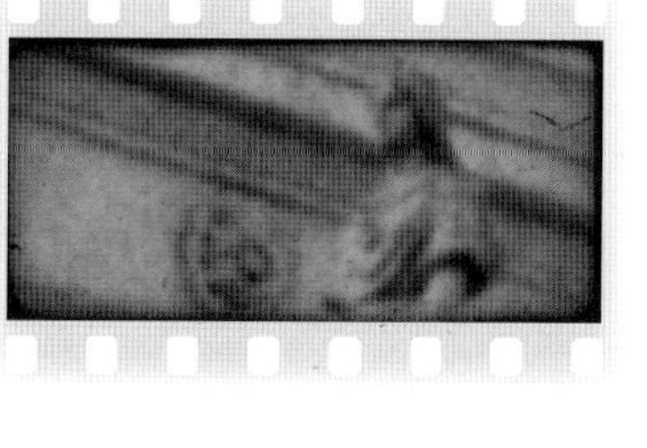

wurden. Leider kam dieses Projekt nicht zur Ausführung durch den Tod des Besitzers, der 1903 starb. Dwasieden war Majorat, dasselbe erlosch jedoch, da auch der Sohn des Herrn von Hansemann und sein Enkel vorzeitig starben. Letzterer wurde im Weltkrieg sehr schwer verwundet und starb an der Operation. Durch die Inflationszeit mit all ihren Nachwehen konnte der Besitz nicht mehr erhalten werden, das Hauptgut Lanken wurde aufgesiedelt, das Kreidewerk und Gut Dargast wurde an die Portland Zement Fabrik Stettin verkauft und der Park mit Schloß Dwasieden ging am 1. Oktober 1935 in den Besitz der Deutschen Kriegsmarine über, die dann alles zur Erhaltung des schönen Besitzes getan hat.

Die Pflanzen und Tierwelt Dwasiedens.

Wenn im Februar die ersten Stare ihr Begrüßungslied vom höchsten Wipfel der Bäume pfeifen, dann geht ein Frühlingsahnen durch den Park und sehnsuchtsvoll schaut der Mensch hinauf zu dem kleinen Künstler, wie er den Takt mit den Flügeln schlägt, hoffend, daß man ihm zum Dank dafür seine Nistgelegenheit in Ordnung gebracht hat. Denn nach ihm haben sich allerlei andere Vögel, auch Eichkätzchen darin breit gemacht, sogar im Winter die Ringelnatter, wie es verschiedene Beispiel beim Bäumefalken ergeben haben. Nicht mehr lange und die blauen Leberblümchen oder Anemonen wagen sich aus dem braunen Laub hervor und Waldmeister bedeckt mit seinem lieblichen Duft den Waldboden in üppiger Fülle. Und wenn dann die Sonne ihre Strahlen immer wärmer erscheinen läßt, dann kommen die Primeln mit ihren goldgelben Blüten, Veilchen in hell- und dunkelblau entzücken das Auge, Windröschen in zartem weiß, überall im Walde leises Regen und Flüstern und Baum und Strauch erprangt in zartem grün. Dazu der Chorgesang der Vögel, der Kuckucksruf, das Hämmern des Spechtes, kurzum für den naturliebenden Menschen die glücklichste Zeit. Inzwischen hat auch der Pirol seinen Einzug gehalten, er ist ein Künstler in seinem Pfeifkonzert und ahmt manche Vogelstimmen nach; bald das langgezogene Krächsen des Eichelhähers oder den Pfiff des Stares, aber sein eigenes Lied klingt wie: „Ich bin der Schulze von Bülow!“ Der Pirol freut sich schon auf die saftigen roten und schwarzen Kirschen, da ist er König in seinem Reich. Auch der Kuckuck hat sich eingestellt; bald hier, bald dort erschallt sein neckischer Ruf, den ja der Mensch so gerne hört. Der Kuckuck ist ein scheuer Geselle, er liebt nicht die dunklen Buchenwälder, sondern lichte Plätze wie Eichenbestände (man soll nicht vergessen, den Geldbeutel zu schütteln beim ersten Rufe). Neben den soeben erwähnten bekannten Vögeln sei auch der Bussard erwähnt, der im Park Horste besaß; ein guter Mäuse- und Schlangenvertilger (es sei hier noch bemerkt, daß es hier unendlich viele Schlangen gab, die harmlose Blindschleiche, die Ringelnatter und die giftige Kreuzotter. Für Letztere war zur Vertilgung ein Preis von 0,50 RM pro Kopf ausgesetzt, da sie überhand nahmen. Im Frühjahr, wenn die Sonne warm schien, lagen die Schlangen haufenweise übereinander geringelt auf der Kaimauer und sonnten sich). Der Bussard hat aber auch im Winter den Hühnerbraten nicht verschmäht. Dann gab es noch im Park Hühnerhabichte, Elstern, Krähen, Eichelhäher, wilde Tauben, Eulen, Spechte als größere Vögel, dann Finken, Meisen, Dompfaff, Hänfling, Baumläufer, Drosseln, Stare (Goldhähnchen winzig klein, mit einem goldenen Kreuz auf dem Kopf und so zahm, daß es sich mitsamt dem Rothkehlchen dem Förster auf die Flinte setzte). In einem überaus strengen Winter beobachtete der Förster, wie Meisen den Finken das Gehirn aus-

pickten. Kiebitze brüteten auf den nahegelegenen Wiesen nach Mukran zu gelegen; ebenfalls wilde Enten in den mit Buschwerk bestandenen Wassertümpeln; viele wilde Gänse und Kraniche halten im Herbst auf den Getreidefeldern Nachlese. Von den Teichen auf den Feldern hörte man an warmen Sommerabenden das schönste Frosch- und Unkenkonzert; einer hatte immer das letzte Wort, wahrscheinlich war es die Froschmama. Bei stillem Wetter schallte auch das Brummen der Rohrdommel aus Lietzow vom Bodden herüber. Es gibt nichts schöneres, als in Waldesstille den Gesang der Vögel lauschen zu können, ehe sie zur Ruhe gehen; besonders die Grau- oder Singdrossel schmettert noch in tiefster Stille ihr Abendlied von hoher Tann und oft war es ihr letzter Gesang, wenn ein Raubvogel sie belauschte. In strengen Wintern sah man auch Eisvögel im Bach in ihren schönsten Farben. Auf dem 5000 Morgen großen Besitz des Herrn von Hansemann war ein guter Wildbestand zu verzeichnen, der zuweilen durch Blutauffrischung gehoben wurde. Fasane wanderten gerne in benachbarte Brüche, da hier im Park leider zu wenig Unterholz belassen wurde. Ebenfalls machten sich auch die Rehböcke zur Schußzeit dorthin. Zuerst gab es hier im Park mehr Rehe, doch durch die bedeutende Vermehrung des Damwildes das zu unruhig, zogen sich die Rehe mehr zurück. Als Futter ließ der Förster die Ebereschenbeeren von den Alleen pflücken, die auf dem Marstallboden ausgebreitet und gewendet wurden, so daß Laub und Beeren trockneten. Zur Winterzeit wurden dieselben auf die Futterplätze gebracht, in den Futterraufen wurde Heu gelegt. Hatte man auf dem nahen Gut eine bessere Ernte, so gab es auch Hafergarben, Wrucken, Runkelrüben und es war ein Idyll, wenn das Wild hinter dem Futterwagen einhertrollte. Viele und unvergeßliche Tierszenen erlebt ein Forstmann in seinem Revier, kein Wunder, daß er mit seinem Wild und Wald eins ist. Der Förster konnte getrost mit seinen Jagdhunden am äugenden Wild vorbeigehen, es blieb ruhig auf seinem Platz. Ein besonderer Liebling, eine alte Ricke, wurde vom Förster stets mit einem freundlichen „Guten Morgen, Alte!“ und durch Hutabnehmen begrüßt. Die Damhirsche hatten auch ihren Spielplatz, wo sie sich neckten und tummelten, meist auf einer Erhöhung oder um einen großen Stein. Allerlei Raubzeug war auch vorhanden. Der Odinsberg könnte viel erzählen, Fuchs und Dachs hausten dort in alten Bauten und manch drolliger Purzelbaum wurde in der Abendstille von Jungfüchsen und Dachsen vollführt; bergab, bergauf gings in tollen Sprüngen und Fröhlichsein. Als Wildfutter war auch Tobinambur gepflanzt, Gingster, Heide und Blaubeerkraut, Brombeerenblätter, getrocknete Zweige, Eicheln, Bucheckern, Kastanien; dies alles fürs Wild. Zuerst wurden auch Salzlecken aufgestellt, was später verblieb. Damit

das Wild bei Schneefall freie Bahn hatte, sorgte der Förster dafür, daß die Hauptwege geschleift wurden, denn nichts ist gefährlicher für das Wild, als eine scharfe Schneekruste, die dem Wild die Fesseln zerschneidet und nicht mehr von der Stelle gehen mag, lieber hungert es. Rotwild kam nur als Durchgangswild in Frage, ebenfalls eine alte Bache, die hin und wieder von der Prora zur Stubnitz wanderte und während des Krieges sogar den Posten der Scheinwerferabteilung in Schrecken versetzte. Wilde Kaninchen gab es nicht im Park. Meister Lampe war überall zu finden. Auch die Vögel taten sich gütlich an den Futterstellen und die Drossel war dafür so dankbar und pfiff die schönsten Lieder im Frühling. Wie schlau der Fuchs oft zu Werke geht, sei hiermit gesagt, daß er sehr selten einen Besuch in der Nachbarschaft machte, sondern weiter gelegene Gehöfte mit seinem Besuch begehrte, um nicht den Verdacht auf sich zu lenken. Eines Tages fand der Förster sogar eine halbe Speckseite vor einem Bau, die die alte Fähe sicherlich auf komische Weise irgend jemand entwendet haben mochte. Rote und schwarze Eichkätzchen gab es im Park, letztere nur vereinzelt, auch einige Baummarder und Iltis sowie Wiesel. Pilze gibt es verschiedene Sorten im Park. Der Pfifferling, der Steinpilz, Champion, Birkenpilz, Schirmpilz, Korallen und Butterpilz sowie der Mauseran als eßbarer Pilz, außerdem allerlei giftige Pilze. Viele Bäume wurden von Efeu berankt, wenngleich dies ein schöner Anblick war, so ist es dem Baum nicht zum Vorteil und deshalb wurde der Efeu größtenteil durch abhauen entfernt. Während des Krieges wurden Bucheckern gesammelt (bekanntlich ist alle 7 Jahre Bucheckernmast). Von den Bucheckern wurde Öl geschlagen. Die wilden Kirschbäume trugen während des Krieges viele Kirschen und mancher unserer Feldgrauen hat sich daran gütlich getan und hat wohl noch oft an Dwasieden gedacht. Auch Brennesseln wurden gezogen, gebündelt und abgeliefert.

Die Schnepfensuche.

Einen besonderen Reiz bot die Schnepfenjagt, auf der ja bekanntlich ein gut abgeführter Jagdhund unerläßlich ist und Hund und Jäger sich auf einen Wink verstehen. Die Schnepfenjagt beginnt am 15. März - 15. April. War in dieser Zeit Nachtnebel und eventuell ein feiner Sprühregen, so war dies für den Einfall der Schnepfen in Dwasieden günstig, bei hellen Mondscheinnächten strichen sie über Dwasieden hinweg zur Stubbnitz. Bekassine, Waldschnepfe und zuletzt der große Eulenkopf, der den Schnepfenzug beendete. Der Eulenkopf kam immer mit den Bachstelzen zu gleicher Zeit. Auch auf Schnepfenstrich wird die Schnepfe erlegt.

Ein Gedicht von Frau Stecher.

Dwasieden, du mein Heimatland
Wie lieb ich dich so sehr,
Gelegen hoch am Ostseestrand
Am schönen blauen Meer.

Wollt wissen Ihr, warum ich's lieb?
Ich zog doch einst hier ein
Vor 29 Jahren war's
Im hellen Sonnenschein.

Ein Grünrock führt als junge Frau
Mich damals an das Ziel,
Dwasieden wurd mein Heimatland,
Drum lieb ich's heiß und viel.

Jedweder Baum und Strauch doch ist
Verwachsen fast mit mir,
Sowie das Wild, die Vogelwelt
Und sonstiges Getier.

Selbst Unken und auch Eulenschrei
Die sind mir nicht verhaßt,
Das klingt wie liebliche Musik
Mir nach des Tages Last.

Jetzt naht der Herbst mit buntem Blatt,
Bald grün, bald gelb und braun,
Ein Sträußchen aus dem Waldrevier
Gar lieblich anzuschaun.

Heut sind es nun der Jahre zwei,
Als ich hier Abschied nahm,
Das Herz mir war voll Weh und Leid,
Doch bald ich wieder kam.

Ich fand nicht Rast, ich fand nicht Ruh,
In meinem engen Haus;
Das Heimweh plagt mich immerzu,
Ich ging zum Wald hinaus.

Bald klopft ich an des Schlosses Tür,
Man fragt nach mein Begehr,
Drauf sagt ich: „Arbeit such ich hier“,
Weiß Gott bei meiner Ehr'.

Und willst du hier recht fleißig sein,
So stell ich dich hier ein,
An Arbeit mangelt es hier nicht!
So sprach Herr Stelzer fein.

Schnell zog ich an das Arbeitskleid,
Die Ärmel streift ich auf,
Mein Dackel gab mir das Geleit,
Es ging Treppab, Treppauf.

2 Jahre sind verflossen nun
Ich wand're Tag für Tag
In meines Waldesheiligtum,
Am lieben trauten Bach.

Wohl manches hat verändert sich
Und viel sah ich ersteh'n,
Doch Heimatliebe glaubt es mir,
Wird nimmer untergeh'n.

H.R.

TENNEMANN

aus unserem Verlagsprogramm

Erstmals ein beeindruckender Überblick über die Geschichte von Sassnitz als Marinestützpunkt. Von der kaiserlichen Marine, Reichsmarine, Kriegsmarine über die Zeit nach 1945 mit der Seepolizei, Volkspolizei, den Seestreitkräften bis hin zur Volksmarine der DDR. Eine Fundgrube für Historiker, Interessierte und zu unterschiedlichen Zeiten selbst in Sassnitz „Dienende".

Gesungene Geschichte des Mittelalters, zarte Liebeslyrik und derberotische Reime auf der CD-Box **„Sänger, Schreiber und Studenten - das Rostocker Liederbuch aus dem 15. Jahrhundert"**. Die erste und einzige Aufnahme aller mit Noten überlieferten niederdeutschen Lieder aus der alten Handschrift. Der Sound der Hansezeit auf zwei CDs mit einem unterhaltsamen Rundfunk-Feature von **Rainer Schobeß** und faszinierenden Musikaufnahmen der **Gruppe Lilienthal**. Dazu ein 90seitiges, reich bebildertes Booklet mit historischen Erläuterungen und allen plattdeutschen Liedtexten und den hochdeutschen Übersetzungen.

Vielleicht muß die Geschichte des DDR-Fußballs, ja des DDR-Sports überhaupt, in Teilen umgeschrieben werden.
Denn hier redet einer wirklich erstmals Klartext, der dabei war: Gerd Kische.
Der langjährige DDR-Nationalspieler, HANSA-Stammverteidiger und spätere HANSA-Boss mit einem beeindruckenden Blick auf den Fußball im einstigen Arbeiter- und Bauernstaat, in der Zeit der politischen Wende und im heutigen Gesamtdeutschland.
Bei Gerd Kische gibt es keine Verklärung, keine Nettigkeiten. Fußball ist die herrlichste Nebensache der Welt, in der es aber immer auch um die Mächtigen und natürlich um sehr viel Geld ging und geht.
Auch darüber erzählt Gerd Kische im Gespräch mit den Journalisten Jörn Pissowotzki und Leif Tennemann.

Wortwörtlich ist das Credo der neuen Interview-Serie aus dem TENNEMANN Verlag.

Dieses Kochbuch passt in keine Schublade. Es ist in seiner Art einmalig.
Ute Alm-Linke, eine der Spitzenköchinnen aus Mecklenburg-Vorpommern, präsentiert hier erstmals ihre moderne und doch regional tief verwurzelte Küche. Sie kocht sehr erfolgreich mit der Natur und den Jahreszeiten in ihrem kleinen Gasthof „De oll Dörpschaul" in Rosenow nahe Schwerin. Die Köchin aus Rosenow (plattdeutsch: De Köksch ut Rosenow) lässt uns in diesem Buch wunderbare Lebensmittel neu oder wieder entdecken. Ein Rezeptbuch für alle, die bewusst regional-saisonal kochen und genießen wollen. Ohne Verzicht, Kalorienzählen oder gar erhobenem Zeigefinger!

Weil Essen und Trinken Spass machen soll. Guten Appetit!

Können Fische seekrank werden? Warum haben Frauen mehr Kleidungstücke im Schrank als Männer?
Und welche norddeutsche Erfindung steht auf allen Straßen der Erde? In der beliebten NDR 1 Radio MV Serie **„Kaum zu glauben - Wissen zum Weitersagen"** gibt Autor und Radio-Moderator **Thomas Lenz** höchst unterhaltsam täglich Antworten auf solche skurrilen Fragen des Alltags. Oder wussten Sie, dass Pornokratie mal eine echte Regierungsform war? Und dass Regenwetter Ihr Denkvermögen steigert? Oder dass es wirklich ein Zicken-Gen gibt?
Antworten auf alle diese Fragen finden Sie in den „Kaum zu glauben"-Büchern aus dem TENNEMANN-Verlag. Bücher zum fröhlichen Blättern und Immer-wieder-Lesen – viel Vergnügen!

Bestell-Telefon 0385 - 5 55 88 44

Absurd, unglaublich, manchmal böse – aber immer hochkomisch! **Die beliebtesten DDR-Witze** der Hörer und Zuschauer des NDR in Mecklenburg-Vorpommern versammelt diese CD. Ein zeitgeschichtliches Zeugnis der einmaligen ostdeutschen Witzkultur, aufgenommen in einer öffentlichen Veranstaltung vor einem begeisterten Publikum.

Lachen auf NDR 1 Radio MV, dazu gehört auch das **Spaßtelefon VORSICHT LEIF** an jedem Morgen mit Leif Tennemann… Die besten Telefonstreiche gibt es auch auf CD überall im Buchhandel und in Musikgeschäften oder Sie ordern online z.B. bei www.tennemann.com.

In diesem Band aus der **Quack-und-Quacki-Serie** jagen die beliebten beiden Quietsche-Enten den „Kohledieb von Rügen". Dabei erklärt dieses Fotobilderbuch **für Kinder ab 3 Jahren** auf kindgemäße Art die Rügensche Kleinbahn, den „Rasenden Roland". Denn Quack und Quacki entdecken wie immer ein Stückchen der Welt!

Demnächst erscheinen:
„Das verlorene Lachen" – Quack und Quacki im Circus Probst
„Der erkältete Molli" – Quack und Quacki auf der Bäderbahn Molli
„Die Adlerfeder" - Quack und Quacki im Naturerbe Zentrum Rügen

Die Geschenk-Idee!

Mötst di nich argern – Das große Rudolf Tarnow Hörbuch

Rudolf Tarnows Texte gehören zum Witzigsten, was die niederdeutsche Literatur zu bieten hat. Wir wissen, dass irgendwann die Pointe kommt. Aber der Autor zögert sie geschickt hinaus, nimmt komische Umwege. Wir ahnen sogar, wie es ausgehen könnte. Und werden dann doch überrascht. Und selbst wenn wir den Knalleffekt schon kennen - beim nächsten Mal ist er genau so schön.

Die Interpreten: *Susanne Bliemel, Eberhard Bremer, Horst Dethloff, Fritz-Reuter-Bühne, Marga Heiden, Fritz Hollenbeck, Gerd Lüpke, Gerd Micheel, De Plattfööt, Skiffle, Ulrich Voß*